航空保安大学校

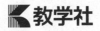 教学社

は　し　が　き

　おかげさまで，大学入試の「赤本」は，今年で創刊 70 周年を迎えました。

　これまで，入試問題や資料をご提供いただいた大学関係者各位，掲載許可をいただいた著作権者の皆様，各科目の解答や対策の執筆にあたられた先生方，そして，赤本を使用してくださったすべての読者の皆様に，厚く御礼を申し上げます。

　以下に，創刊初期の「赤本」のはしがきを引用します。これからも引き続き，受験生の目標の達成や，夢の実現を応援してまいります。

　本書を活用して，入試本番では持てる力を存分に発揮されることを心より願っています。

編者しるす

＊　　　＊　　　＊

　学問の塔にあこがれのまなざしをもって，それぞれの志望する大学の門をたたかんとしている受験生諸君！　人間として生まれてきた私たちは，自己の欲するままに，美しく，強く，そして何よりも人間らしく生きることをねがっている。しかし，一朝一夕にして，この純粋なのぞみが達せられることはない。私たちの行く手には，絶えずさまざまな試練がまちかまえている。この試練を克服していくところに，私たちのねがう真に人間的な世界がはじめて開かれてくるのである。

　人生最初の最大の試練として，諸君の眼前に大学入試がある。この大学入試は，精神的にも身体的にも，大きな苦痛を感ぜしめるであろう。あるスポーツに熟達するには，たゆみなき，はげしい練習を積み重ねることが必要であるように，私たちは，計画的・持続的な努力を払うことによって，この試練を克服し，次の一歩を踏みだすことができる。厳しい試練を経たのちに，はじめて満足すべき成果を獲得できるのである。

　本書は最近の入学試験の問題に，それぞれ解答を付し，さらに問題をふかく分析することによって，その大学独特の傾向や対策をさぐろうとした。本書を一般の参考書とあわせて使用し，まとはずれのない，効果的な受験勉強をされるよう期待したい。

（昭和 35 年版「赤本」はしがきより）

挑む人の、いちばんの味方

赤本創刊70周年

1954年に大学入試の過去問題集を刊行してから70年。赤本は大学に入りたいと思う受験生を応援しつづけてきました。これからも、苦しいとき落ち込むときにそばで支える存在でいたいと思います。

そして、勉強をすること、自分で道を決めること、努力が実ること、これらの喜びを読者の皆さんが感じることができるよう、伴走をつづけます。

そもそも赤本とは…

受験生のための大学入試の過去問題集！

70年の歴史を誇る赤本は、500点を超える刊行点数で全都道府県の370大学以上を網羅しており、過去問の代名詞として受験生の必須アイテムとなっています。

・・・・・・・・・・ なぜ受験に過去問が必要なのか？ ・・・・・・・・・・

大学入試は大学によって問題形式や頻出分野が大きく異なるからです。

赤本の掲載内容

傾向と対策

これまでの出題内容から，問題の「**傾向**」を分析し，来年度の入試に向けて具体的な「**対策**」の方法を紹介しています。

問題編・解答編

- 年度ごとに問題とその解答を掲載しています。
- 「**問題編**」ではその年度の試験概要を確認したうえで，実際に出題された過去問に取り組むことができます。
- 「**解答編**」には高校・予備校の先生方による解答が載っています。

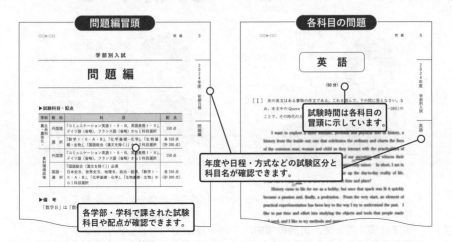

他にも，大学の基本情報や，先輩受験生の合格体験記，在学生からのメッセージなどが載っていることがあります。

2024年度から
見やすい
デザインに！

NEW

● 掲載内容について ●

著作権上の理由やその他編集上の都合により問題や解答の一部を割愛している場合があります。なお，指定校推薦入試，社会人入試，編入学試験，帰国生入試などの特別入試，英語以外の外国語科目，商業・工業科目は，原則として掲載しておりません。また試験科目は変更される場合がありますので，あらかじめご了承ください。

受験勉強は
過去問に始まり，

STEP 1 〔なにはともあれ〕

まずは
解いてみる

しずかに…
今，自分の心と
向き合ってるんだから

ムーン

それは
問題を解いて
からだホン！

過去問は，**できるだけ早いうちに解くのがオススメ！**
実際に解くことで，**出題の傾向，問題のレベル，今の自分の実力が**つかめます。

STEP 2 〔じっくり具体的に〕

弱点を
分析する

分析の結果だけど
英・数・国が苦手みたい

スリー

必須科目だホン
頑張るホン

間違いは自分の弱点を教えてくれる**貴重な情報源。**
弱点から自己分析することで，**今の自分に足りない力や苦手な分野**が見えてくるはず！

合格者があかす
赤本の使い方

傾向と対策を熟読
（Fさん／国立大合格）

大学の出題傾向を調べるために，赤本に載っている「傾向と対策」を熟読しました。

繰り返し解く
（Tさん／国立大合格）

1周目は問題のレベル確認，2周目は苦手や頻出分野の確認に，3周目は合格点を目指して，と過去問は繰り返し解くことが大切です。

過去問に終わる。

STEP 3

志望校に
あわせて

苦手分野の
重点対策

明日からはみんなで頑張るよ！
参考書も！ 問題集も！
よろしくね！

呼んだ？

なにを!?
どこから!?

グッ　　　グッ

参考書や問題集を活用して，苦手分野の**重点対策**をしていきます。**過去問を指針**に，合格へ向けた具体的な学習計画を立てましょう！

STEP 1 ▶ 2 ▶ 3

サイクル
が大事！

実践を
繰り返す

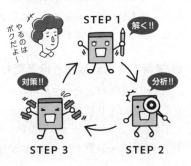

やるのは
ボクだよ〜

STEP 1
解く!!

対策!!

分析!!

STEP 3　　　STEP 2

STEP 1〜3を繰り返し，実力アップにつなげましょう！
出題形式に慣れることや，**時間配分を考える**ことも大切です。

目標点を決める
（Yさん／私立大合格）

赤本によっては合格者最低点が載っているので，それを見て目標点を決めるのもよいです。

時間配分を確認
（Kさん／私立大学合格）

赤本は時間配分や解く順番を決めるために使いました。

添削してもらう
（Sさん／私立大学合格）

記述式の問題は先生に添削してもらうことで自分の弱点に気づけると思います。

新課程も赤本でばっちり！

新課程入試 Q&A

2022年度から新しい学習指導要領（新課程）での授業が始まり，2025年度の入試は，新課程に基づいて行われる最初の入試となります。ここでは，赤本での新課程入試の対策について，よくある疑問にお答えします。

使える？

Q1. 赤本は新課程入試の対策に使えますか？

A. もちろん使えます！

OK

旧課程入試の過去問が新課程入試の対策に役に立つのか疑問に思う人もいるかもしれませんが，心配することはありません。旧課程入試の過去問が役立つのには次のような理由があります。

● 学習する内容はそれほど変わらない

新課程は旧課程と比べて科目名を中心とした変更はありますが，学習する内容そのものはそれほど大きく変わっていません。また，多くの大学で，既卒生が不利にならないよう「経過措置」がとられます（Q3参照）。したがって，出題内容が大きく変更されることは少ないとみられます。

● 大学ごとに出題の特徴がある

これまでに課程が変わったときも，各大学の出題の特徴は大きく変わらないことがほとんどでした。入試問題は各大学のアドミッション・ポリシーに沿って出題されており，過去問にはその特徴がよく表れています。過去問を研究してその大学に特有の傾向をつかめば，最適な対策をとることができます。

出題の特徴の例	・英作文問題の出題の有無 ・論述問題の出題（字数制限の有無や長さ） ・計算過程の記述の有無

新課程入試の対策も，赤本で過去問に取り組むところから始めましょう。

Q2. 赤本を使う上での注意点はありますか？

A. 志望大学の入試科目を確認しましょう。

　過去問を解く前に，過去の出題科目（問題編冒頭の表）と 2025 年度の募集要項とを比べて，課される内容に変更がないかを確認しましょう。ポイントは以下のとおりです。科目名が変わっていても，実際は旧課程の内容とほとんど同様のものもあります。

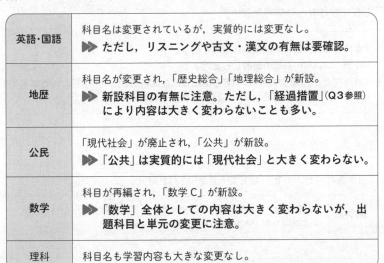

英語・国語	科目名は変更されているが，実質的には変更なし。 ▶▶ ただし，リスニングや古文・漢文の有無は要確認。
地歴	科目名が変更され，「歴史総合」「地理総合」が新設。 ▶▶ 新設科目の有無に注意。ただし，「経過措置」(Q3参照)により内容は大きく変わらないことも多い。
公民	「現代社会」が廃止され，「公共」が新設。 ▶▶「公共」は実質的には「現代社会」と大きく変わらない。
数学	科目が再編され，「数学 C」が新設。 ▶▶「数学」全体としての内容は大きく変わらないが，出題科目と単元の変更に注意。
理科	科目名も学習内容も大きな変更なし。

　数学については，科目名だけでなく，どの単元が含まれているかも確認が必要です。例えば，出題科目が次のように変わったとします。

旧課程	「数学 I・数学 II・数学 A・数学 B（数列・ベクトル）」
新課程	「数学 I・数学 II・数学 A・数学 B（数列）・数学 C（ベクトル）」

　この場合，新課程では「数学 C」が増えていますが，単元は「ベクトル」のみのため，実質的には旧課程とほぼ同じであり，過去問をそのまま役立てることができます。

Q3. 「経過措置」とは何ですか？

A. 既卒の旧課程履修者への対応です。

　多くの大学では，既卒の旧課程履修者が不利にならないように，出題において「経過措置」が実施されます。措置の有無や内容は大学によって異なるので，募集要項や大学のウェブサイトなどで確認しておきましょう。

○旧課程履修者への経過措置の例

- ●旧課程履修者にも配慮した出題を行う。
- ●新・旧課程の共通の範囲から出題する。
- ●新課程と旧課程の共通の内容を出題し，共通範囲のみでの出題が困難な場合は，旧課程の範囲からの問題を用意し，選択解答とする。

　例えば，地歴の出題科目が次のように変わったとします。

旧課程	「日本史B」「世界史B」から1科目選択
新課程	「歴史総合，日本史探究」「歴史総合，世界史探究」から1科目選択※ ※旧課程履修者に不利益が生じることのないように配慮する。

　「歴史総合」は新課程で新設された科目で，旧課程履修者には見慣れないものですが，上記のような経過措置がとられた場合，新課程入試でも旧課程と同様の学習内容で受験することができます。

 要チェックだホン

新課程の情報はWEBもチェック！
より詳しい解説が赤本ウェブサイトで見られます。
https://akahon.net/shinkatei/

科目名が変更される教科・科目

	旧 課 程	新 課 程
国語	国語総合 国語表現 現代文A 現代文B 古典A 古典B	現代の国語 言語文化 論理国語 文学国語 国語表現 古典探究
地歴	日本史A 日本史B 世界史A 世界史B 地理A 地理B	歴史総合 日本史探究 世界史探究 地理総合 地理探究
公民	現代社会 倫理 政治・経済	公共 倫理 政治・経済
数学	数学Ⅰ 数学Ⅱ 数学Ⅲ 数学A 数学B 数学活用	数学Ⅰ 数学Ⅱ 数学Ⅲ 数学A 数学B 数学C
外国語	コミュニケーション英語基礎 コミュニケーション英語Ⅰ コミュニケーション英語Ⅱ コミュニケーション英語Ⅲ 英語表現Ⅰ 英語表現Ⅱ 英語会話	英語コミュニケーションⅠ 英語コミュニケーションⅡ 英語コミュニケーションⅢ 論理・表現Ⅰ 論理・表現Ⅱ 論理・表現Ⅲ
情報	社会と情報 情報の科学	情報Ⅰ 情報Ⅱ

大学のサイトも見よう

目　次

掲載内容についてのお断り

- 著作権の都合上，下記の内容を省略しています。
2022年度：「学科試験」No. 20 の英文
2021年度：「基礎能力試験」No. 6，No. 7 の英文

基本情報

 教育課程

　航空保安大学校には，航空管制官採用試験（大卒程度）に合格した者から採用し航空管制官を養成する航空管制官基礎研修課程と，航空保安大学校学生採用試験（高卒程度）に合格した者から採用し航空管制運航情報官・航空管制通信官および航空管制技術官を養成する航空情報科と航空電子科が設置されている。

採用試験	区分		入学後の研修コース		将来の業務
航空管制官採用試験		➡	航空管制官基礎研修課程	➡	航空管制官
航空保安大学校学生採用試験	航空情報科	➡	航空情報科	➡	航空管制運航情報官 航空管制通信官
	航電子科	➡	航空電子科	➡	航空管制技術官

※本書では航空保安大学校学生採用試験（高卒程度）のみを掲載しています。

●航空管制官基礎研修課程（研修期間：8カ月）
　航空管制官に必要な基本的な知識と技術を習得するため，学科と実技の教育を受ける。

●**航空情報科**（研修期間：2 年）

　一般教養や外国語および，航空機の運航，飛行場の運用管理，気象など
の専門科目について幅広い教育を受ける。

●**航空電子科**（研修期間：2 年）

　一般教養や航空電子工学の各分野などの専門科目について幅広い教育を
受ける。また，研修期間中に，第 2 級陸上無線技術士以上の国家資格の取
得を目指す。

◉ 所在地

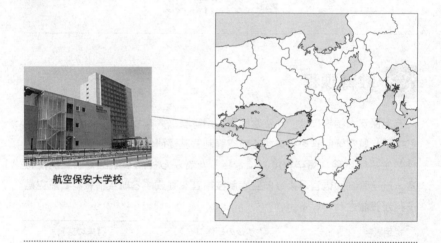

航空保安大学校

〒 598-0047　大阪府泉佐野市りんくう往来南 3-11

入 試 デ ー タ

 ## 入試状況（申込者数・競争率など）

●航空保安大学校学生採用試験　　　　　　　　　　　　　（　）内は女子内数

年度	区　分	採用予定数	申込者数	第1次試験合格者数	最終合格者数	競争率
2023	航空情報科	約20	164(78)	105(52)	44(24)	3.7
	航空電子科	約30	136(31)	104(23)	76(19)	1.8
2022	航空情報科	約20	249(117)	96(44)	42(22)	5.9
	航空電子科	約30	141(38)	111(31)	78(24)	1.8
2021	航空情報科	約20	220(106)	103(51)	48(30)	4.6
	航空電子科	約30	140(38)	104(24)	78(20)	1.8

（備考）

• 最終合格者は採用候補者名簿に得点順に記載され，この名簿記載者の中から採用者が決定され，4月に入校となる。

• 競争率は，申込者数÷最終合格者数で算出。

 ## 平均点等の公表

　人事院のホームページにて平均点等が公表されています（2024年2月現在）。

　人事院　国家公務員試験採用情報 NAVI

　　　　https://www.jinji.go.jp/saiyo/saiyo.html

　　　※「試験情報」に掲載されています。

募 集 要 項 の 入 手 方 法

受験申込みはインターネットより行ってください（https://www.jinji-shiken.go.jp/juken.html）。

●申込受付期間（航空保安大学校学生採用試験）

2024 年 7 月 16 日（火）9：00 〜 7 月 25 日（木）［受信有効］

●問合せ先

◎インターネット申込みについて

人事院人材局試験課

TEL （03）3581-5311（内線 2332）

◎その他試験に関する問合せについて

航空保安大学校　教務課

〒598-0047　大阪府泉佐野市りんくう往来南 3-11

TEL （072）458-3917

◎合格者発表について

人事院各地方事務局(所)

照会・請求先	電 話 番 号
人事院北海道事務局	(011)241-1248
人事院東北事務局	(022)221-2022
人事院関東事務局	(048)740-2006〜8
人事院中部事務局	(052)961-6838
人事院近畿事務局	(06)4796-2191
人事院中国事務局	(082)228-1183
人事院四国事務局	(087)880-7442
人事院九州事務局	(092)431-7733
人事院沖縄事務所	(098)834-8400

●ホームページアドレス

航空保安大学校　https://www.cab.mlit.go.jp/asc/index.html

人事院（国家公務員試験採用情報 NAVI）

https://www.jinji.go.jp/saiyo/saiyo.html

　科目ごとに問題の「傾向」を分析し，具体的にどのような「対策」をすればよいか紹介しています。まずは出題内容をまとめた分析表を見て，試験の概要を把握しましょう。

——————————————　注　意　——————————————

　「傾向と対策」で示している，出題科目・出題範囲・試験時間等については，2023 年度までに実施された入試の内容に基づいています。2024 年度入試の選抜方法については，各大学校が発表する学生募集要項を必ずご確認ください。

基 礎 能 力 試 験

年度	区分	項　目		番号	内　容
2023	知能分野	文 章 理 解		1〜7	現代文：内容一致3題，空所補充 漢文：内容一致 英文：内容一致2題
		課 題 処 理		8〜14	課題処理7題
		数 的 処 理		15〜18	数的処理4題
		資 料 解 釈		19〜20	5つの施設における学芸員等の職員の数の推移，海上犯罪送致件数・海事関係法令違反の送致件数の推移
	知識分野	自然科学	数　学	21	1次関数のグラフと面積
			理　科	22〜25	エネルギー，酸と塩基，血糖濃度と体温の調節，火山とマグマ
		人文科学	歴　史	26〜28	17世紀以降のイギリス，イスラーム世界，江戸〜明治の外交
			地　理	29〜30	日本の自然災害・防災，世界の宗教
			国　語	31〜32	四字熟語，書き取り
			英　語	33〜34	空所補充，英文和訳
		社会科学	政治・経済	35〜38	日本の内閣，新しい人権，第二次世界大戦後の日本経済，金融
			社会・思想	39〜40	生命科学・生命倫理，中国の思想家
	知能分野	文 章 理 解		1〜7	現代文：内容一致3題，空所補充 古文：内容一致 英文：内容一致2題
		課 題 処 理		8〜14	課題処理7題
		数 的 処 理		15〜18	数的処理4題
		資 料 解 釈		19〜20	映画の公開本数と入場者数の推移，健康な食習慣の妨げとなる事情に関する調査結果

2022	知識分野	自然科学	数　学	21	２次関数
			理　科	22 ～ 25	波，酸化還元反応，光の強さと呼吸速度の関係，地球の構造
		人文科学	歴　史	26 ～ 28	17 世紀以降のヨーロッパ，清，江戸幕府の政策
			地　理	29 ～ 30	温帯と冷帯（亜寒帯），移民・難民
			国　語	31 ～ 32	ことわざ，漢字の使い方
			英　語	33 ～ 34	空所補充，英文和訳
		社会科学	政治・経済	35 ～ 38	地方自治，国会・国会議員，国際経済，物価
			社会・思想	39 ～ 40	消費者問題と消費者保護，日本の思想
2021	知能分野		文 章 理 解	1 ～ 7	現代文：内容一致３題，文整序 漢文：内容一致 英文：内容一致２題
			課 題 処 理	8 ～ 14	課題処理７題
			数 的 処 理	15 ～ 18	数的処理４題
			資 料 解 釈	19 ～ 20	日本における年間１人当たりの魚介類４品目の平均消費量の推移，５つの施設における利用者と職員の人数の比較
	知識分野	自然科学	数　学	21	三角関数の値の大小関係
			理　科	22 ～ 25	電気の性質，プロパンの燃焼，ヒトの生体防御，大気圏
		人文科学	歴　史	26 ～ 28	1940 年代以降の国際情勢，近現代の東南アジア，近代以降の日本の文化
			地　理	29 ～ 30	世界の海域，世界の言語・宗教等
			国　語	31 ～ 32	四字熟語，漢字の使い方
			英　語	33 ～ 34	文法的に正しい文，語の定義
		社会科学	政治・経済	35 ～ 38	近代の政治思想，大日本帝国憲法と日本国憲法，日本の財政，ある商品の需要と供給
			社会・思想	39 ～ 40	日本の環境問題，近現代の思想家

幅広い教養と正確な処理能力が求められる

01　出題形式は？

　すべて多肢選択式で，公務員として必要な基礎的な能力（知能および知識）について問われ，航空情報科・航空電子科ともに1時間30分で40題を解答する形式である。

02　出題内容はどうか？

　知能分野20題（文章理解7題，課題処理7題，数的処理4題，資料解釈2題）と，知識分野20題（自然科学5題，人文科学9題，社会科学6題）が出題されている。文系から理系にわたって幅広く出題されている。

03　難易度は？

　これまでのところ難問は見られないが，問題数が多く，1題2分強で解答する必要がある。さまざまな分野から幅広く出題されており，時間的な余裕はほとんどない。

対策

01　文章理解

　現代文・英文・古文（漢文）を読み，内容と合致するものを選ぶ問題が中心である。1題1題の文章の量が半頁から1頁弱あるので，すばやく主旨を読み取る訓練が必要となる。課題文を読む前に選択肢を読んでおく方が，ポイントとなる箇所を見極めやすいかもしれない。また，現代文では比較的有名な出典からの出題が多いので，話題となっている新書などを読んでおくとよい。

02 課題処理・数的処理・資料解釈

　大学入試ではあまり出題されないが，公務員試験ではよく出題される分野である。論理やパズルなど多彩な出題パターンがあるので，慣れておかないと高得点は難しい。公務員試験対策の問題集でこれらの分野に焦点をしぼったものが各社から出版されているので，苦手な人は重点的に取り組んでおくとよい。

03 知識分野

　問われている内容自体は中学・高校の基本的な知識であるが，文系から理系にわたって広範囲に出題されており，苦手な分野をできるだけなくしておくことが大切である。また，自然科学5題，社会科学6題など分野ごとの出題予定数が発表されているので，確実に得点できる分野から解答するのも手である。

学 科 試 験

年度	科目	番号	内　　容
2023	数　　学	1 ～ 13	集合と論理，2次関数，図形と計量，確率，整数の性質，図形の性質，複素数と方程式，図形と方程式，三角関数，対数関数，接線の方程式，数列，ベクトル
	英　　語	14 ～ 26	アクセント，同意語句，空所補充3題，内容一致5題，語句整序，会話文の整序，会話文の空所補充
	物　　理	27 ～ 39	相対速度，剛体にはたらく力のつり合い，運動方程式，反発係数，力学的エネルギー保存則，円運動と摩擦力，比熱，理想気体の内部エネルギーの変化，音の性質，定常波，電磁波，直流回路，電位差と仕事
2022	数　　学	1 ～ 13	式の値，2次関数の係数，図形と計量，場合の数，約数の個数，図形の性質，図形と方程式，三角関数，指数方程式，定積分，数列の和，ベクトル
	英　　語	14 ～ 26	アクセント，同意語句，空所補充3題，内容一致5題，語句整序，会話文の整序，会話文の空所補充
	物　　理	27 ～ 39	鉛直投げ下ろし運動，剛体の重心，運動方程式，運動量保存則，力学的エネルギー保存則，浮力による単振動，熱量保存則，気体の状態変化，縦波の横波表示，光の性質，平行板コンデンサー，直流回路，電磁誘導
2021	数　　学	1 ～ 13	式の値，2次関数の最大値，図形と計量，確率，整数，図形の性質，2次方程式，図形と方程式，対数関数，3次関数のグラフ，絶対値を含む関数の定積分，数列の和，ベクトル
	英　　語	14 ～ 26	アクセント，同意語句，空所補充3題，内容一致5題，語句整序，会話文の整序，会話文の空所補充
	物　　理	27 ～ 39	川の流れに対する相対速度，力のモーメントのつり合い，運動方程式，力学的エネルギー保存則，動摩擦力による仕事，等速円運動，ボイル・シャルルの法則，熱力学第一法則，波の反射，音波の干渉，点電荷による電場と電位，ジュール熱による温度上昇，磁場中を運動する導線を含む回路

（注）　航空情報科は数学と英語を，航空電子科は数学と物理を解答。

基本問題を確実に解く力を

01 出題形式は？

　航空情報科は数学 13 題と英語 13 題の計 26 題，航空電子科は数学 13 題と物理 13 題の計 26 題を，いずれも 2 時間で解答する形式である。すべて多肢選択式である。

02 出題内容はどうか？

　出題範囲は，数学が「数学Ⅰ・Ⅱ・Ａ・Ｂ（数列，ベクトル）」，英語が「コミュニケーション英語Ⅰ・Ⅱ」，物理が「物理基礎・物理」である。

　数学は出題範囲からまんべんなく出題されており，教科書の章末問題レベルである。

　英語は発音・アクセントから短めの英文読解まで多彩な出題である。単純な五者択一ではなく，正しい組み合わせを選ぶ設問が多い。

　物理は力学からの出題が多いが，原子以外の各分野からまんべんなく出題されているので，穴がないように学習しておかなければならない。

03 難易度は？

　1 題あたりの解答時間は 4 分強になるが，配点比率が全体の 4 分の 2 と高く，1 題のミスが大きな失点につながってしまう。焦らずに確実に解く力を身につける必要がある。

01 数 学

例年，1題1単元で融合問題などはなく，設問も1～3行程度のシンプルな出題である。教科書の各単元を確実に押さえ，穴がないようにしておかなければならない。教科書の章末問題レベルの問題は確実に解けるようにしておくこと。

02 英 語

読解問題が5題出題されることが多く，2022年度は説明文と一致する図を選択する問題も出題された。時間がかかりそうなら，まず知識問題を片づけてしまおう。ほとんどが文法・語彙・発音の基礎的な知識を問う問題で，参考書や問題集で基本をしっかり押さえておけば十分に対応できるものである。基礎～難問レベルに対応した『大学入試"すぐわかる"英文法』（教学社）などの総合英文法書を利用すれば，英語を基礎からしっかり固めるのに役立つだろう。また，適切なものの組み合わせを選ぶ問題が多いのが特徴的だが，形式に慣れれば，かえって消去法が使えて正解をしぼりこみやすい。読解問題も，先に選択肢を読んでから英文に取り組むと，ポイントとなる箇所を探しやすいだろう。

03 物 理

数学同様，1題1単元で基本的な問題が幅広く出題されているので，やはり苦手分野のないようにしておく必要がある。基本・標準レベルの問題集を丁寧に解き，基本的な計算問題は確実に解けるようにしておくこと。また，語句を問う問題が出されることもあるので，用語の意味をしっかりと押さえておくこと。

問題と解答

航空保安大学校学生採用試験

問　題　編

▶試験の方法

試験	試験種目	内　　　　容		配点比率
		航空情報科	航空電子科	
第1次試験	基礎能力試験 （多肢選択式）	公務員として必要な基礎的な能力（知能及び知識）についての筆記試験　出題数は 40 題 　知能分野 20 題 　（文章理解⑦，課題処理⑦，数的処理④，資料解釈②） 　知識分野 20 題 　（自然科学⑤，人文科学⑨，社会科学⑥）		$\frac{1}{4}$
	学　科　試　験 （多肢選択式）	「数学Ⅰ・Ⅱ・A・B（数列，ベクトル）⑬」，「コミュニケーション英語Ⅰ・Ⅱ⑬」についての筆記試験　計 26 題	「数学Ⅰ・Ⅱ・A・B（数列，ベクトル）⑬」，「物理基礎・物理⑬」についての筆記試験　計 26 題	$\frac{2}{4}$
第2次試験	人　物　試　験	人柄，対人的能力などについての個別面接		$\frac{1}{4}$
	身　体　検　査	主として胸部疾患（胸部エックス線撮影を含む），血圧，尿，その他一般内科系検査		＊
	身　体　測　定	色覚，聴力についての測定	色覚についての測定	＊

▶備　考

- ○内の数字は出題予定数である。
- 「配点比率」欄に＊が表示されている試験種目は，合否の判定のみを行う。
- 第2次試験の際，人物試験の参考とするため，性格検査を行う。
- 航空電子科では，航空保安大学校での研修において，採用試験科目以外に数学Ⅲを入学までに学習していることを前提とした講義がなされる。

基礎能力試験

（1時間30分）

【No. 1】　次の文の内容と合致するものとして最も妥当なのはどれか。

　ところで、葉はなぜ秋に赤く変わるのだろう。

　秋が深まって気温が低下すると根の活動は衰え、吸水能力も弱まってくる。一方で気温の低下に伴い空気は乾いてくるので、葉の水分は失われやすくなる。

　植物体内の水分が急激に失われはじめる難局において、落葉樹は葉を維持することをあきらめ、葉を落とすことによって低温と乾燥の期間を乗り切ろうとする。そこで落葉樹は、葉の柄の部分に「離層組織」を形成し、組織の末端をコルク質で覆って水が失われるのを防ぎつつ、水の流れを遮断する。パソコンの記憶装置を取り外すときと同じように、葉を「安全に切り離す」のだ。

　離層の形成とともに養分の流れも徐々に止まるが、葉はなおしばらく光合成を続ける。葉でつくられた糖分は離層によって移動を阻まれて葉にたまる。この余剰の糖分から、赤い色素であるアントシアニンが合成されてくる。

　糖をアントシアニンに転換する背景には植物の経済事情がある。葉に含まれる窒素栄養をむだに捨ててしまうのは「もったいない」のである。

　植物の体内にはタンパク質や核酸など窒素を含む有機化合物がたくさん存在している。大気中には窒素ガスがたくさんあるが、窒素原子同士の結合が固いので植物はこれを利用することができない。植物は窒素分を水溶液の形で根から吸収することしかできないが、自然界ではその量は限られ、奪い合いの状況にある（だから、植物に窒素肥料を与えるとぐんぐん育つ）。それほど貴重な窒素分を、みすみす落ち葉として捨ててしまうのは、じつにもったいない話なのである。

　そこで植物は葉を切り離す前に、できるだけ多くの窒素分を葉から枝へと移動させて回収しようとする。この回収作業の際に、糖分がたまって葉の浸透圧が高くなっていると、水は枝から葉へと流れてしまい、枝の方に物質を転流させることができない。そこで浸透圧に影響を及ぼさないアントシアニンの形に糖を変換させるのだ。アントシアニンは紫外線を吸収し、まだ葉の中に残っているタンパク質の回収作業を促進する働きもある。

　アントシアニンはもともと有害な紫外線をカットするフィルターとして植物がつくっている色素であるが、こうして窒素回収の際にも、また虫をひきつける花の宣伝の色としても、臨機応変に活用されているというわけだ。

多田多恵子『したたかな植物たち』筑摩書房

1. 葉に離層が形成されるとアントシアニンが合成され、葉の浸透圧が高まるのを防いでいる。

2. 秋になり葉が紫外線を吸収することで、葉は落ちる前に、緑色から赤色に変わる。

3. 葉は、柄がコルク質に覆われることで窒素成分が少なくなり、乾燥に耐えられるようになる。

4. 葉が落ちる前に、葉に残っている糖分はアントシアニンに変化して枝に移動する。

5. 秋に咲く花は、虫をひきつけるために、タンパク質やアントシアニンを利用している。

【No. 2】 次の文の内容と合致するものとして最も妥当なのはどれか。

　アルキメデスは風呂に入ると、水位が上がることに気づいて、「エウレカ（わかった）！」と歓喜して叫んだという。この話を聞いたことのある人も多いだろう。王冠のような複雑な形状の物体でも、それを水に入れれば、その体積がすぐわかる。このことを発見して、欣喜雀躍*したのである。

　問題の答えが閃いたり、謎めいたものの正体が明らかになったりすると、私たちは「あっ、わかった！」と叫びたくなる。このようなときの「わかる」はたいてい直観的な理解である。答えがパッと思い浮かび、謎の正体が突然明らかになる。このような直観もまた、私たちの物事の理解にとって非常に重要である。

　たとえば、数学の証明問題を考えてみよう。証明は、与えられた前提から一定の規則に従って結論を導き出すことである。しかし、従うべき規則は複数あり、それらをどんな順番で適用していけばよいかは明らかではない。この点が証明の難しいところである。証明問題を解くというのは、ようするにどの規則をどの順に適用するかを発見することだと言っていい。

　しかし、たんにどの規則をどの順に適用するかがわかっただけでは、じつは証明が本当にわかったとは言えない。たとえば、頭をひねってもなかなか証明問題が解けないので、ついつい答えを見てしまうことがある。しかし、答えを見てもなお、よくわからないと感じることがあるだろう。答えを見れば、どの規則をどの順に適用して、前提から結論が導かれているかはわかるのだが、それでもどうも腑に落ちないのである。

　なぜここでこの規則を適用するのか。「そうすれば、解けるからだ」と言われても、「でも、どうして」と言いたくなる。しかし、最初は腑に落ちなくても、証明を何度もたどりかえして、証明の流れに慣れてくると、やがて「あっ、わかった」と感じられる瞬間が訪れてこよう。それは証明のいわば「核心」が直観的に把握された瞬間である。証明の本当の理解には、証明の核心を直観的につかむことが必要なのである。

　（注）　*欣喜雀躍：こおどりして喜ぶこと

1. 問題の答えが思い浮かんだときの直観は、表面的な理解にすぎず、物事の理解に当たっては重要性が低い。

2. 証明問題は、与えられた前提が複数ある中、結論に至る流れを瞬時に見いださなければならない点が難しい。

3. 証明問題を構成する規則とその適用の順番を単に把握することだけでは、直観によって捉えられる証明の核心を把握したことにならない。

２０２３年度　学生採用試験　基礎能力試験

　4.　解けない証明問題の答えを見てしまうと、証明の本当の理解に必要な証明の核心を把握するの
　　　を妨げてしまう。
　5.　証明問題の核心を直観的につかめば、その後は適用すべき規則を素早く把握することができる
　　　ようになり、証明の流れに慣れることができる。

【No.　3】　次の文の内容と合致するものとして最も妥当なのはどれか。

　規範がなぜ成立するのかについての一つの説明の仕方としては、「規範の存在が社会の存続に
とって役に立っているから」という言い方があります。社会規範はヒトという種の存続にとって適
応的だから存在する、と言い換えることも可能です。このタイプの説明は、社会学などで機能主義
と呼ばれます。ごく単純化して言えば、社会の中にある制度や構造は当の社会の安定や存続にとっ
て機能を果たしている、だから存在する、と考える議論です。しかし、よく考えてみると、この議
論には少し変なところがあると思いませんか？

　革命や騒乱など激動の時代だった20世紀の初頭に、暴動や群集行動などの集団現象を説明する
ため、「集合心」、「集団心」などの概念が提唱されたことがあります。人間の集合行動において、ふ
だんの個人の行動からはとても考えられない過激な社会現象が生まれることを説明するために、個
人を超えた、マクロレベル（群集レベル）で働く「心」の存在が仮定されたわけです。人々は集合心に
支配され、個人の独立性を失い盲目的に突き動かされている、といったイメージです。

　このように、集団や社会のレベルのマクロな現象（規範もその一つです）を説明する際に、マクロ
な単位（集団、社会）をそのまま説明の単位に用いるのは、私たち自身、日常場面でよく行う説明の
仕方です。たとえば、「学校がいじめを生み出した」「海外展開は組織の意思だ」などの表現を私たち
はよく使います。社会科学においても、「グループは、自らのメカニズムに依拠して自己の構造を
変化させる、自己組織的なシステムである」などの表現が見られます。

　組織が意思をもつ、群集が心をもつといった言説は、マクロな社会現象（たとえば、集団ヒステ
リーなど）を記述するための喩えやレトリックには適しているかもしれません。しかし、それを「説
明」するための科学的概念としては不十分だと考えざるを得ないようです。

　その理由は、ハチやアリなどの社会性昆虫と違って、ヒトの集団や社会は、少なくとも個人と同
じ程度には、それ自体のまとまりや持続的な意思をもち得ないからです（たとえば、学校は、行為
者としてまとまった「一つの意思」をもち、いじめを生み出せるでしょうか？）。

《中　略》

　もし社会規範についての説明が、「ヒトの社会が、自らの存続に役に立つ社会規範を維持してい
る」ことを少しでも意味するなら、それはヒト社会を主体・実体として見る集団錯誤の議論になり
ます。個体が規範に従うかどうかの意思決定はできても、社会が「行為主体として自ら」規範を維持
したり破棄したりすることはできないからです。人々が規範に従うかどうかは、社会が決めるので
はなく、各人の意思決定の問題なのです。

1. 社会規範が、ヒトが種としてハチやアリなどの他の種よりも安定的に存続する上で不可欠なものであることは、社会学上証明されている。

2. マクロな社会現象を社会科学の観点から説明する際は、集団や社会などのマクロな単位をそのまま説明の単位に用いる必要がある。

3. ヒトの社会は、規範を維持するか破棄するかを決定する際、それが自らの存続に役立つか否かをマクロレベルで判断し、一つの組織として意思決定している。

4. 組織が意思をもつという考えは、社会が個体と同じように一つの意思をもち、規範に従うか否かなどを決定することを想定している。

5. 各個人の意思決定の結果を踏まえた上で、社会規範を決定するようになると、ヒトの社会は、混乱し維持できなくなる。

【No.　4】　次の文の　　　　　　　に当てはまるものとして最も妥当なのはどれか。

　「信頼」とはおもしろい概念です。多くの社会科学者が独自の視点から、この概念に切り込んでいます。一例をあげればドイツの社会学者のニクラス・ルーマンです。ルーマンは信頼を「　　　　　　　　　　」という視点から定義しています。これだけだとややわかりにくいので、もう少し説明しましょう。

　人間を囲む外部環境は複雑です。無数の人々や組織がそれぞれの活動を行い、そのすべてを把握することは不可能です。そのような外部環境を把握してから、自分の行動を決定しようとすれば、いつまで経っても決められない状態が続きます。

　そのような状況に対し、人間はどのように対応するのでしょうか。環境の複雑さを、何とかして減らすしかありません。そこで出てくるのが「信頼」です。この場合の信頼とは、ある人がなぜそう行動するのか、いちいち考えることなく、「この人はこのように行動するはずだ」と想定できることをさします。もちろん、人間は自由な存在ですから、こちらの想定どおりに行動するとは限りません。とはいえ、まわりのすべての人間について、「この人は予想外の行動をするかもしれない」と疑っていては、社会生活を送ることができません。一定のリスクをともないつつ、人は他人を「信頼」せざるをえないのです。

　このようなルーマンの「信頼」は、きわめて包括的で、抽象度の高い定義でしょう。

宇野重規「信頼」

1. 対話相手の尊重

2. 複雑性の縮減

3. 外部環境の拒絶

4. リスクからの逃避

5. 自由な意思決定

【No.　5】　次の文は、周の西伯(文王)が、狩りの最中に、周を訪れた呂尚と初めて出会うときのものである。内容と合致するものとして最も妥当なのはどれか。なお、訓点は参考までに一例を付したものである。

果シテ遇フ呂尚ニ於渭水之陽ニ。与ニ語リ

大イニ悦ビテ曰ハク、「自吾先君*太公曰ハク、『当ニ

有リテ聖人適ヒ周ニ。周因リテ以ッテ興ラント』子真ニ

是ナル耶。吾太公望子久シト矣。」故号シテ

之ヲ曰フ太公望ト。載セテ与俱ニ帰リ、立テテ為シ

師、謂フ之ヲ師尚父ト。

（注）　*先君：亡くなった父

1. 呂尚は、西伯の発言を、軽率なものだと批判した。
2. 呂尚は、太公こそが、周の危機を救う人物だと述べた。
3. 西伯は、呂尚は師尚父よりも優れた人物だと感じた。
4. 西伯は、呂尚を太公望と称し、一緒に帰った。
5. 太公は、呂尚の功績を聞き、感動のあまり涙を流した。

【No. 6】 次の文の内容と合致するものとして最も妥当なのはどれか。

Uganda And Zimbabwe Send Satellites Into Space

Uganda and Zimbabwe have sent their first satellites into space. The satellites were launched by a NASA rocket on November 7, and are now on the International Space Station. They will later be put in orbit around the Earth. The satellites were developed by the countries, working together with Japan as part of a project called BIRDS-5.

The satellites are small ones known as CubeSats. CubeSats are cheap and small — about a third of the size of a loaf of bread. Several CubeSats can be joined together to make larger satellites.

Uganda's satellite is called PearlAfricaSat-1, and Zimbabwe's satellite is known as ZimSat-1. They were built by scientists from Uganda and Zimbabwe, working together with scientists at the Kyushu Institute of Technology. The satellites are designed to help the countries keep an eye on the quality of their water and farmland.

Because CubeSats are cheap, they're a good way for developing countries to begin their space programs. Currently 14 African nations have sent a total of 52 satellites into space. By 2025, those numbers are expected to grow, with 23 African countries planning up to 125 new satellites.

NASA's Orion Mission Reaches, and Passes, the Moon

After a week, NASA's Orion spacecraft has reached the moon, and gone past it. The capsule, which was launched on November 16, seems to be working nearly perfectly. NASA reported that all of the systems it has been testing have worked as well, or better, than expected.

Orion sent back several pictures as it passed the moon. One of them shows the moon up close, and the Earth as a tiny spot in the distance.

Orion will spend about a week far beyond the moon. That will give NASA's scientists plenty of time to run more tests on the spacecraft's systems. Orion will then come past the moon once more on its way back to Earth. The capsule is still expected to splash down around December 11.

1. ウガンダとジンバブエの人工衛星は、それぞれ木の葉1枚の3分の1程度の大きさであるが、これらが合体することにより大きな人工衛星となった。
2. ウガンダとジンバブエの人工衛星は共に PearlAfricaSat-1 と呼ばれ、月の表面に水があるかどうか調査することを目指している。
3. CubeSat は安価で製作できるため、2025 年までに 14 のアフリカの国々が、日本の大学と協力して CubeSat を製作し、宇宙に打ち上げることを計画している。
4. Orion から送付された写真の中には、手前にある月と、遠くかなたに小さい点として見える地

出典追記：Space News From Around the World. News for Kids.net on November 24, 2022 © NewsForKids. net

２０２３年度　学生採用試験　基礎能力試験

球が 1 枚に収められたものがある。

5. Orion は月の裏側に着陸した後、そこに約 1 週間滞在し、月に関する調査を行ってから地球に
戻ってくる予定である。

【No. 7】 次の文の内容と合致するものとして最も妥当なのはどれか。

　　Students at American public schools struggled in math during the pandemic. The National Assessment of Education Progress (NAEP) is a math and reading test given to fourth and eighth grade students in public schools around the country. Results from this year showed that students' scores had the largest decreases in math since 1990, when the test was first released.

　　All areas of the U.S. reported lower test scores in math. More than one-third of students scored below basic levels. The decreases were also more severe in math than in reading.

　　There has been a lot of evidence showing that students struggled with remote learning during the pandemic. They especially struggled with math, said Frances Anderson. She is an education researcher with the University of Nebraska-Omaha and a former teacher. Her work centers on math ability. She said in an interview with *The Conversation* that students, who are not as skilled in math, need more face-to-face learning.

　　Anderson said that during remote learning, "teachers didn't have as many ways to keep students engaged. It was difficult to do hands-on activities and project-based learning, which are better for students who struggle in math." She added that a lot teaching math is visual learning. "You need so much more than one screen," she said.

1. 米国のいくつかの地域では、今年の NAEP の数学とリーディングのスコアは、どちらも NAEP
が始まって以来最も低かった。

2. 米国の全ての地域において、リモート授業を受けた生徒の 3 分の 1 以上は、今年の NAEP の
数学のスコアがリーディングのスコアよりも低かった。

3. Frances Anderson によれば、生徒は特に数学のリモート授業に苦労したため、数学が苦手な
生徒にはより多くの対面授業が必要である。

4. リモート授業では、生徒は特に数学の授業中に集中力が著しく低下したため、教師は図を用い
て視覚的に生徒の興味をひく工夫をしていた。

5. パンデミック時に行われたリモート学習に関する調査の結果、生徒はタブレットやモニターな
ど複数の画面を用いた授業を希望していることが分かった。

出典追記：Voice of America

【No. 8】 ある学校で、生徒の通学手段について調査したところ、「自転車を利用している生徒は、バスを利用していない。」ということが分かった。

このとき、「自転車を利用している生徒は、電車を利用していない。」ということが論理的に確実にいえるためには、次のうちどの条件があればよいか。

1. 電車を利用している生徒は、バスを利用している。
2. 電車を利用していない生徒は、自転車を利用していない。
3. 電車を利用していない生徒は、バスを利用している。
4. バスを利用している生徒は、電車を利用していない。
5. バスを利用していない生徒は、自転車を利用している。

【No. 9】 A〜Dの4人はそれぞれ異なる一つの母国語a〜dを持っており、各人は母国語を話すことができる。さらに、4人は全員バイリンガルで、それぞれ自分の母国語以外の言語を一つだけ話すことができ、その言語はa〜dのうちのいずれかである。4人の会話について次のことが分かっているとき、確実にいえるのはどれか。

なお、例えば、アが日本語と英語、イが英語と中国語、ウが中国語とスペイン語を使って話すことができる場合、アとウの2人の間では話すことができる共通の言語がないので会話ができないが、ア、イ、ウの3人の間では、アとイの間では英語で会話ができ、イとウの間では中国語で会話ができるので、アとウはイを介して会話ができるものとする。

○ AとCの間では会話ができないが、Dを介すると会話ができる。
○ BとCの間では、2人の母国語以外の言語でのみ会話ができる。
○ Dは、Bの母国語を話すことができない。

1. Aは、Dの母国語を話すことができる。
2. Bの母国語を話すことができるのは、Bを含めて3人である。
3. Cの母国語を話すことができるのは、Cを含めて2人である。
4. Dは、Cの母国語を話すことができない。
5. AとBの間では、Dの母国語で会話ができる。

【No. 10】 表は、あるパン屋における、あんパンと食パンを焼く際の1週間のスケジュール表であり、火曜日と金曜日以外の日は、午前に1回、午後に1回それぞれあんパン又は食パンを焼くことができる。例えば、月曜日の午前は、あんパン又は食パンのどちらか一方のみを焼くことができるが、あんパンと食パンの両方を焼くことはできない。次のことが決められているとき、あんパンと食パンを焼く際の1週間のスケジュールについて確実にいえるのはどれか。

ただし、このスケジュール表は、1 週間だけでなく 2 週間以上継続されるものとする。

○　1 週間に、あんパンを 3 回、食パンを 6 回焼く。

○　あんパンを焼くのは、午前だけであり、また、あんパンを 2 日連続で焼かない。

○　週末のいずれか 1 日は、食パンを焼かない。

曜日	平日					週末	
	月	火	水	木	金	土	日
午前		×			×		
午後		×			×		

1. 土曜日の午後は、あんパンも食パンも焼かない。

2. 水曜日の午前は、あんパンを焼く。

3. 1 週間のうち、あんパンと食パンの両方を焼く曜日は 3 日ある。

4. 1 週間のうち、月曜日に食パンを 2 回焼く。

5. 1 週間のうち、平日に食パンを 5 回焼く。

【No. 11】　A ～ E の 5 人が、図のトーナメント表に従って、以下のように 1 対 1 の卓球の試合を行った。

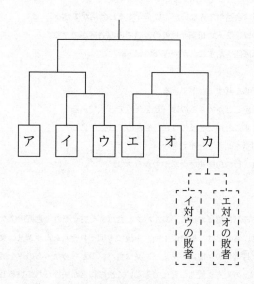

[トーナメント戦の流れ]
○　最初に、トーナメント表のア～オの各枠にA～Eの誰を割り振るかをくじ引きで決める。
○　1回戦は、イとウ、エとオが、それぞれ戦う。
○　2回戦を行う前に、1回戦の敗者どうしで敗者復活戦を行い、その勝者をカの枠に割り振る。
○　2回戦は、「イとウによる1回戦の勝者とア」、「エとオによる1回戦の勝者とカ」が、それぞれ戦う。
○　2回戦の勝者どうしで3回戦を行い、その勝者を優勝者とする。

　　試合について、BはDと2回対戦したことと、AはEと一度も戦わないまま3回戦でDと戦ったことが分かっているとき、アに割り振られた者として正しいのはどれか。

1.　A
2.　B
3.　C
4.　D
5.　E

【No. 12】　図のように、円卓の周りにア～エの四つの席が置かれており、A～Dの4人がそれぞれ5枚のカードを持っていずれかの席に座っている。

　　いま、アに座っている人から始めて、ア→イ、イ→ウ、ウ→エ、エ→ア、…の時計回りの順で、自分の持っているカードのうち1枚を隣の席に座っている人に受け渡すことを30回繰り返した。受渡し終了時に、Aが6枚、Bが4枚のカードを持っていることが分かっているとき、確実にいえるのはどれか。

　　ただし、席を移動する者はいなかったものとする。

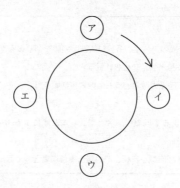

1．Aは、ウに座っている。

2．Bは、エに座っている。

3．Cは、イに座っている。

4．10回目の受渡しでは、アに座っている人がイに座っている人にカードを受け渡した。

5．20回目の受渡しでは、イに座っている人がウに座っている人にカードを受け渡した。

【No. 13】　図のように、正五角形の辺上を矢印の方向に、滑らず回転する正六角形がある。

いま、図の位置から正六角形が 2 周して元の位置に戻ったとき、頂点Xは図の㋐〜㋔のどの位置にあるか。

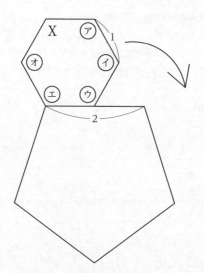

1. ㋐
2. ㋑
3. ㋒
4. ㋓
5. ㋔

【No. **14**】 図のような立方体の展開図として最も妥当なのは次のうちではどれか。

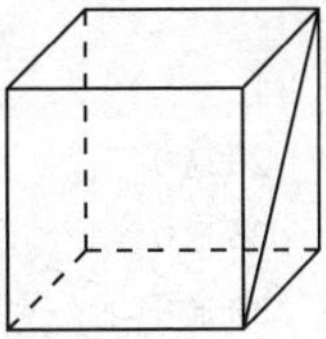

1.
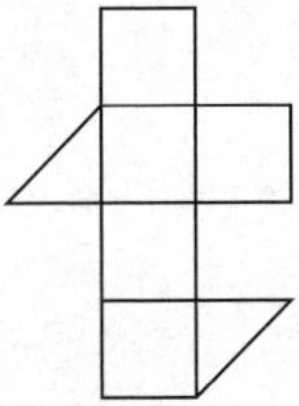

2.
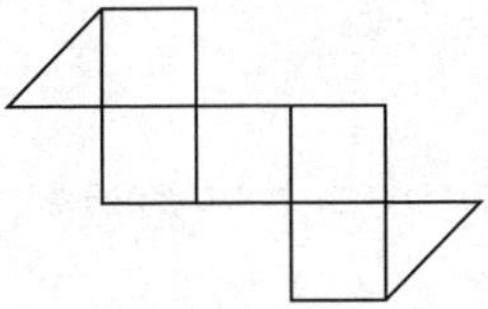

3.
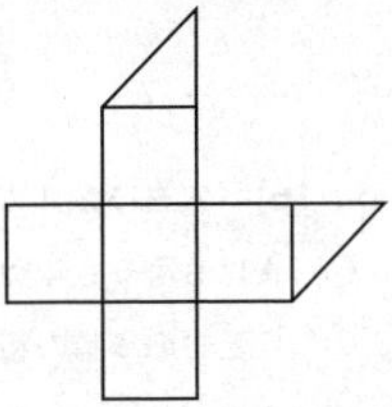

4.
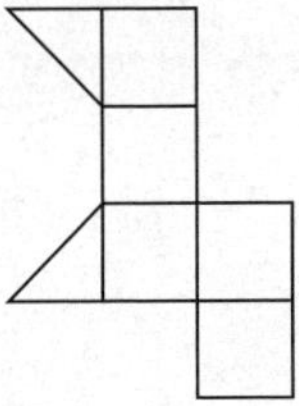

5.
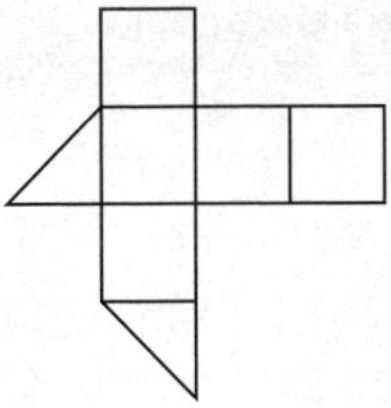

【No. **15**】 図のように、道が等間隔の碁盤目状になっている街で、東西に４本、南北に６本の道がある。地点Aから出発した人が最短の道順を通って地点Bに向かうとき、途中でPQ間を通る道順は何通りあるか。

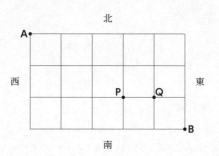

2023年度　学生採用試験　基礎能力試験

1.　20 通り
2.　26 通り
3.　30 通り
4.　36 通り
5.　56 通り

【No. 16】　A～Dの4人の年齢について、次のことが分かっているとき、Bの年齢はいくつか。

　　○　AはBよりも年齢が高い。
　　○　CとDの年齢の和の2倍は、Bの年齢に等しい。
　　○　Aの年齢は、Dの年齢の5倍に等しい。
　　○　今からちょうど6年後のCとDの年齢の比は、6：5である。
　　○　AとBの年齢の差は、CとDの年齢の差に等しい。

1.　36 歳
2.　38 歳
3.　42 歳
4.　44 歳
5.　48 歳

【No. 17】　図のように、時速 60 km で走行している長さ 80 m の電車Aの先頭が、時速 36 km で走行している長さ 120 m の電車Bの先頭に追いついた時点（時点Ⅰ）から、電車Aの最後尾が電車Bの先頭に到達する時点（時点Ⅱ）までの時間は、何秒か。

　　ただし、電車A及びBは、同じ方向に向かって平行に走行しており、速度は一定であるものとする。

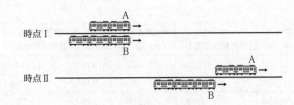

1. 12秒
2. 18秒
3. 24秒
4. 30秒
5. 36秒

【No. 18】　文字列は、文字の種類とその数を表記する方法により、文字数を削減できる場合がある。例えば、文字列「AAAABBA」については、「A」が4個、「B」が2個、「A」が1個並んでいるので、「A4B2A1」と表記され、元の文字列から文字数が1減っている。

　　いま、文字列「AAAABBBCCBAAAACBBBDDDDDD」をこの方法で表記すると、文字数はいくつ減るか。

1. 7
2. 8
3. 9
4. 10
5. 11

【No. 19】　表は、博物館、博物館類似施設、公民館、図書館、社会体育施設の五つの施設における学芸員等の職員の数の推移について示したものである。これから確実にいえることとして最も妥当なのはどれか。

（人）

年度＼職員	学芸員 （博物館）	学芸員 （博物館類似施設）	公民館主事 （公民館）	司書 （図書館）	指導系職員 （社会体育施設）	合計
平成 20 年度	3,990	2,796	15,420	14,596	12,743	49,545
23 年度	4,396	2,897	14,454	16,923	15,286	53,956
27 年度	4,738	3,083	13,275	19,015	16,742	56,853
30 年度	5,025	3,378	12,334	20,130	17,591	58,458
令和 3 年度	5,357	3,684	11,795	21,523	18,799	61,158

1. 平成 23 年度、平成 27 年度、平成 30 年度のいずれの年度においても、「合計」に占める「公民館主事（公民館）」の割合は 25 ％ を下回っている。

2. いずれの年度においても、「合計」に占める割合が最も高いのは、「司書（図書館）」である。

3. 五つの施設のうち、平成 20 年度から平成 23 年度の職員の増加数が最も多い施設は、平成 27 年度から平成 30 年度の増加数も最も多い。

4. 「学芸員（博物館）」、「学芸員（博物館類似施設）」、「司書（図書館）」のうち、平成 30 年度に対する令和 3 年度の増加率が最も高いのは、「司書（図書館）」である。

5. 「学芸員（博物館）」、「司書（図書館）」、「指導系職員（社会体育施設）」のいずれにおいても、平成 20 年度に対する平成 23 年度の増加率は、平成 30 年度に対する令和 3 年度の増加率を上回っている。

【No. 20】　図Ⅰは、2017～2021 年の海上犯罪送致件数の内訳ごとの推移を示したものであり、図Ⅱは、図Ⅰに記載されている海事関係法令違反の送致件数の内訳ごとの推移を示したものである。これらから確実にいえることとして最も妥当なのはどれか。

図Ⅰ　海上犯罪送致件数の推移

図Ⅱ　海事関係法令違反の送致件数の推移

1. 2018～2021年の各年における「海上犯罪送致件数」全体に占める「漁業関係法令違反」の送致件
   数の割合は、全ての年において、その前年と比べて減少している。

2. 「海上環境関係法令違反」の送致件数について、2017～2021年の5年間の平均の送致件数は、
   2021年の送致件数を下回っている。

3. 2018～2021年の各年における「海事関係法令違反の送致件数」の内訳となる6種類の違反の

送致件数について、全ての年において、その前年と比べて減少しているのは3種類である。

4. 2017年における「海事関係法令違反の送致件数」全体に占める「船員法違反」及び「船舶法関係法令違反」の送致件数の合計の割合と2021年におけるそれを比べると、前者の方が高い。

5. 2018年における「海上犯罪送致件数」全体に占める「船舶安全法関係法令違反」の送致件数の割合は、20%を超えている。

【No. 21】 座標平面において、直線 $8y - 7x = k$ と x 軸及び y 軸で囲まれた面積が7となるような正の実数 k の値はいくらか。

1. 7
2. 14
3. 21
4. 28
5. 35

【No. 22】 エネルギーに関する記述として最も妥当なのはどれか。

1. 空気中を移動する電子がもつエネルギーを光エネルギーといい、白熱電球に電流を流すと、電気エネルギーが同じ量の光エネルギーに直接変換される。

2. 金属の中を移動する電磁波がもつエネルギーを電気エネルギーといい、電磁波を内部で移動させ続けて電気エネルギーを保存する装置を電池という。

3. 原子核が変化する際に放出されるエネルギーを熱エネルギーといい、原子力発電では、発生した熱エネルギーが電気エネルギーに直接変換される。

4. 気体どうしの化学反応によって放出されるエネルギーを化学エネルギーといい、太陽では、酸素と水素が化学反応して太陽光が放出される。

5. 運動する物体がもつエネルギーを運動エネルギーといい、運動エネルギーは、質量に比例し、速さの2乗に比例する。

【No. 23】 酸と塩基に関する記述として最も妥当なのはどれか。

1. 酸とは、水溶液中で水酸化物イオンを生じる物質であり、硫酸は化学式に1個の水酸化物イオンを含む1価の酸で、硝酸は2個の水酸化物イオンを含む2価の酸である。

2. 塩基の水溶液は、青色リトマス紙を赤色に変える、亜鉛やマグネシウムの金属を溶かし水素を発生させる、といった性質をもつ。また、水に溶けにくい塩基は、アルカリと呼ばれる。

3. 中和とは、酸と塩基が反応して水を生成する変化をいい、中和に伴い塩が生じる。塩の水溶液

が酸性を示すものを酸性塩といい、酸性塩の例として塩化ナトリウムが挙げられる。

4. 純粋な水(純水)のpHは7であるが、酸性が強くなるほどpHは7より大きくなる。pH12の水溶液を純水で2倍に薄めるとpHは1下がり11になる。

5. 物質がイオンに分かれることを電離といい、電離度が大きい塩基を強塩基、小さい塩基を弱塩基という。強塩基の例として水酸化ナトリウムが、弱塩基の例としてアンモニアが挙げられる。

【No. 24】　次は、血糖濃度と体温の調節に関する記述であるが、A～Dに当てはまるものの組合せとして最も妥当なのはどれか。

食事などによって血糖濃度が上昇すると、間脳の視床下部がこれを感知し、副交感神経を通じて　A　のランゲルハンス島B細胞を刺激する。また、ランゲルハンス島B細胞は、血液から直接、血糖濃度の上昇を感知する。これらの刺激によって、ランゲルハンス島B細胞から　B　が分泌される。　B　は、細胞内へのグルコースの取り込みや、細胞中のグルコースの消費を促進するとともに、肝臓でのグルコースから　C　への合成を促す。その結果、血糖濃度は低下する。

体温も、間脳の視床下部が調節中枢となり、自律神経系と内分泌系などが協調して働くことによって調節される。例えば、皮膚や血液の温度の低下を間脳の視床下部が感知すると、　D　を通じて立毛筋や体表の血管の収縮を促進し、体表からの熱の放散を防ぐ。また、代謝による熱産生が強化される。このような熱の放散量の抑制と発熱量の増加によって、体温を上げることができる。

	A	B	C	D
1.	すい臓	インスリン	グリコーゲン	交感神経
2.	すい臓	インスリン	タンパク質	副交感神経
3.	すい臓	アドレナリン	グリコーゲン	副交感神経
4.	腎臓	アドレナリン	グリコーゲン	副交感神経
5.	腎臓	アドレナリン	タンパク質	交感神経

【No. 25】　火山やマグマに関する記述として最も妥当なのはどれか。

1. マグマが地下水などに接触してマグマ水蒸気爆発が起きると、マグマ溜まりに空洞が生じ陥没して溶岩ドームができる。

2. 低温で二酸化ケイ素(SiO_2)の量が多いマグマほど、粘性が高い傾向にあり、マグマから分離して蓄積されるガスの量も多くなり、噴火は爆発的になる。

3. やや粘性の高い溶岩や火砕岩が交互に積み重なると、富士山やハワイ島のマウナロア火山のような、山腹の傾斜が緩い盾状火山が形成される。

4. マグマが地表付近でゆっくり冷えてできた岩石は深成岩といい、その組織を斑状組織という。また、マグマが急冷してできた岩石は火山岩といい、その組織を等粒状組織という。

5. 火成岩をつくる主な鉱物には、鉄やマグネシウムを含む色の薄い無色鉱物と、それらを含まない色の濃い有色鉱物があり、一般に無色鉱物の方が密度が高い。

【No. 26】　イギリスに関する記述として最も妥当なのはどれか。

1. 17 世紀前半にピューリタン革命が起こると、国王が議会に従うことを定めた権利の章典が発布されたが、その後、再び国王と議会が対立し、クロムウェルの指導で名誉革命が起こった。

2. 18 世紀後半、北アメリカのイギリス植民地で起こったチャーティスト運動をきっかけとして、独立戦争が起こった。モンテスキューは独立宣言を起草し、植民地軍の兵士の士気を高めた。

3. 19 世紀半ば、清が三角貿易により流入するアヘンを禁止し廃棄処分すると、イギリスはアヘン戦争を起こした。イギリスに敗れた清は南京条約を結び、香港島の割譲などを認めた。

4. 19 世紀後半、イギリスはマリア＝テレジアがインド皇帝を兼ねるインド帝国を成立させたが、20 世紀初頭にシパーヒーの反乱が起こると、インドはイギリスからの独立を果たした。

5. 19 世紀後半、ドイツが 3C 政策を通じてオスマン帝国に影響力を広げようとすると、3B 政策をとるイギリスは、イタリアやフランスと三国協商を成立させ、ドイツに対抗した。

【No. 27】　イスラーム世界に関する記述として最も妥当なのはどれか。

1. アッラーの啓示を受けたムハンマドは、イスラームの教えを広めたが、キリスト教の聖職者や有力者により迫害を受けたため、メディナからイェルサレムへ本拠地を移した。

2. ティムールが開いたウマイヤ朝では、征服した住民のみに課していたジズヤ（人頭税）を廃止し、全ての住民からハラージュ（地租）を徴収した。

3. ムガル帝国のアッバース 1 世は、イスラーム以外の宗教・文化との共存に努めたが、その後、アクバルの時代になると、イスラーム中心の政策がとられた。

4. ササン朝は、サラディンの時代に最盛期を迎え、ビザンツ帝国を滅ぼし占領したコンスタンティノープル（イスタンブル）は、「世界の半分」といわれるほど繁栄した。

5. オスマン帝国は、官僚制とイェニチェリ（常備軍）を備え、スレイマン 1 世の時代に最盛期を迎えた。彼の死後、同帝国の艦隊は、レパントの海戦でスペインなどの連合艦隊に敗れた。

【No. 28】　江戸時代から明治時代にかけての我が国の外交に関する記述として最も妥当なのはどれか。

1. 薩英戦争をきっかけに、江戸幕府は、異国船打払令を発令し、漂着した外国船に燃料や食料・水の補給を認める薪水給与令を撤廃した。

2.　江戸幕府は、日米和親条約を結び、米国船に物資を補給することや下田と平戸を開港すること
　　などを取り決めた。この条約に基づいて日米間の自由貿易が始まった。

3.　大老井伊直弼は、孝明天皇の勅許を得ないまま、日米修好通商条約を結んだ。これは、日本に
　　とって不利な内容だったが、イギリス、フランスなどとも同様の条約を結んだ。

4.　明治政府は、岩倉具視を全権大使とする岩倉使節団を欧米に派遣し、不平等条約の改正を交渉
　　した。その結果、領事裁判権の撤廃は実現しなかったが、関税自主権の回復は実現した。

5.　大久保利通らが主張する征韓論が広まる中、日本の軍艦の挑発によって朝鮮から砲撃を受ける
　　大津事件が起きた。日本はこの事件の処理として日朝修好条規を結び、朝鮮を開国させた。

【No. 29】　我が国の自然災害や防災に関する記述として最も妥当なのはどれか。

1.　冬季には、日本海側では、寒流の対馬海流の影響で冷たい風を伴った雪害が発生する一方、太
　　平洋側では、暖流の親潮の影響でやませという暖かい強風が吹く風害が発生することがある。

2.　夏季には、熱帯低気圧の影響で、乾燥した熱風が吹くヒートアイランド現象が水田地帯でみら
　　れ、作物に被害を及ぼすことがあり、防風林を設置するなどの対策がとられている。

3.　我が国では、地球温暖化により各地で干ばつが頻発する一方、酸性雨により森林が枯死し、温
　　帯から、乾燥帯に属するステップ気候に変化する地域が出現するなど、砂漠化が進んでいる。

4.　山間部では、土石流、崖崩れ、地滑りなどの土砂災害が発生することがあり、土砂災害警戒区
　　域などが掲載されたハザードマップの作成や配布が進められている。

5.　地震に関しては、地理情報システム(GIS)などを活用した地震予知に成功し、直下型地震は、
　　緊急地震速報の発表によって数日前からの事前の避難が可能となっている。

【No. 30】　世界の宗教に関する記述A～Dのうち、妥当なもののみを挙げているのはどれか。

　　A：キリスト教は、ヨーロッパ、南北アメリカ、オーストラリアなどに広がっており、カトリッ
　　　　ク、プロテスタント、東方正教などの多くの宗派がある。

　　B：イスラム教(イスラーム)は、東南アジアから北アフリカにかけて広がっており、カースト制
　　　　により、1日に2回メッカに向かって礼拝するといった守るべき生活様式などが定められて
　　　　いる。

　　C：インドで誕生した仏教は、東南アジアに広がっている上座部仏教、日本を含む東アジアに広
　　　　がっている大乗仏教などに分かれている。

　　D：ヒンドゥー教は、南アジアを中心に広がっているスンナ派とパキスタンなど西アジアを中心
　　　　に広がっているシーア派に分かれている。

1.　A、B

2.　A、C

3. B、C

4. B、D

5. C、D

【No. 31】　次の四字熟語とその意味の組合せとして最も妥当なのはどれか。

1. 手前味噌………粗雑な作りの品物を、むやみに作ること。

2. 笑止千万………暇で何もすることがなく、退屈していること。

3. 傍目八目………第三者には、物事の是非、利・不利が当事者よりも分かること。

4. 電光石火………気力が極めて盛んなこと。

5. 一切合切………困難な目に遭って、つらく苦しい思いをすること。

【No. 32】　次の　☐　に同じ漢字が入るものの組合せとして最も妥当なのはどれか。

1. 習い事を　☐（ダ）性で続ける。　―　☐（ダ）落した生活を送る。

2. 体を清　☐（ケツ）に保つ。　―　この映画は　☐（ケツ）作だ。

3. 様々な価値　☐（カン）を尊重する。　―　既視　☐（カン）を覚える。

4. 本筋から逸　☐（ダツ）する。　―　権力を　☐（ダツ）取する。

5. 裏切りに憤　☐（ゲキ）する。　―　友を　☐（ゲキ）励する。

【No. 33】　次のア～エに当てはまる語の組合せとして最も妥当なのはどれか。

○　The bad weather prevented us　ア　going back to the office.

○　The teacher told me to hand　イ　my homework by Friday.

○　I would like to exchange yen　ウ　dollars.

○　He was not aware　エ　the danger.

	ア	イ	ウ	エ
1.	from	at	for	on
2.	from	in	for	of
3.	from	in	to	on
4.	with	at	to	of
5.	with	in	to	of

【No. 34】 英文に対する和訳が最も妥当なのはどれか。

1. If I had enough time, I could go for lunch with them.
   十分な時間があったので、私は彼らとランチに行くことができた。

2. He made a mistake on purpose when he was asked about the question.
   彼はその質問について尋ねられたとき、たまたま間違えてしまった。

3. The yacht race will have finished by the end of July.
   そのヨットレースは7月末までには終わってしまっているだろう。

4. You should tell them whatever you know about the news.
   そのニュースについてあなたが何も知らないことを、彼らに言うべきだ。

5. When I arrived there, they kindly made room for me.
   私がそこに到着したとき、彼らは親切に私のために部屋を貸してくれた。

【No. 35】 我が国の内閣に関する記述として最も妥当なのはどれか。

1. 日本国憲法は、「行政権は、内閣に属する。」と定めており、内閣は、一般行政事務のほか、法律の制定、外交関係の処理、条約の承認、恩赦の決定、憲法改正の発議などを行う。

2. 衆議院及び参議院において内閣不信任案の可決又は内閣信任案の否決が行われた場合には、内閣は30日以内に総辞職をしなければならない。

3. 内閣は、最高裁判所長官とその他の裁判官の指名を行うほか、弾劾裁判所を設置する権限を有し、罷免の訴追を受けた裁判官の裁判を行う。

4. 内閣総理大臣は、内閣を代表する立場にあるが、行政各部(各省庁)を指揮監督する権限はない。また、内閣総理大臣による国務大臣の任命や罷免に際しては、国会の同意が必要となる。

5. 内閣総理大臣は、国会議員の中から国会の議決で指名され、天皇により任命される。また、内閣総理大臣と国務大臣は、文民でなければならない。

【No. 36】 我が国における新しい人権に関する記述A～Dのうち、妥当なもののみを挙げているのはどれか。

A：情報の受け手が意見広告や反論記事の掲載をマス・メディアに対して要求する権利として、「アクセス権」が主張されるようになった。

B：消費者が食品の安全性や流通経路の把握を求めたことをきっかけとして、「知る権利」が主張され、全ての食品に消費期限や原産地、原材料などの情報の表示が義務付けられた。

C：高度経済成長期に公害が発生したことなどを受けて、よりよい環境を守り、健康で文化的な生活を送る権利として「環境権」が主張されるようになった。

D：自己に関する情報の開示をコントロールする権利として「自己決定権」が主張され、特に秘匿性の高い個人情報を保護する目的で特定秘密保護法が制定された。

1.　A、B
2.　A、C
3.　A、D
4.　B、D
5.　C、D

【No. 37】　第二次世界大戦後の我が国の経済に関する記述A～Dのうち、妥当なもののみを挙げているのはどれか。

　A：1940年代後半に、インフレーションの収束や経済の安定化を目的とした経済安定9原則やドッジ・ラインにより、財政支出の拡大や変動為替相場制への移行などが行われた。

　B：1950年代半ばから1970年代初めにかけて、実質経済成長率は年平均約10％となった。また、就業者数に占める第一次産業従事者数の割合が低下し、第二次・第三次産業従事者数の割合が高まった。

　C：1980年代半ばに、G5（先進5か国財務相・中央銀行総裁会議）においてドル高を是正するプラザ合意がなされたことにより、円高が急速に進み、輸出産業が大きな打撃を被った。

　D：1990年代初頭に発生したリーマン・ショックを契機に、株価や地価は下落に転じ、バブル経済は崩壊し、第二次世界大戦後初めて実質経済成長率がマイナスとなった。

1.　A、B
2.　A、D
3.　B、C
4.　B、D
5.　C、D

【No. 38】　金融の仕組みに関する記述として最も妥当なのはどれか。

1.　通貨は、商品の価値をはかるという価値尺度、どの外貨とも交換できるという交換手段、物価を安定させるという価値貯蔵などの機能をもつ。

2.　金本位制とは、通貨価値を金と結び付けることで、通貨の発行量を減らし、金の流通量を増やす制度であり、この制度の下で発行される紙幣のことを不換紙幣という。

3.　ペイオフ制度とは、金融機関が破綻した場合に、政府が預金者の元本を無制限に保証する制度であるが、我が国ではペイオフ制度が発動されたことはない。

4.　金融とは、企業が銀行から資金を調達することであり、金融市場において銀行が企業の株式や債券を購入することによってのみ、企業は資金を調達することができる。

5.　信用創造とは、銀行が預金の受入れと貸出しを繰り返すことで、最初に受け入れた預金の何倍

もの預金をつくり出す機能である。

【No. 39】　現代の生命科学や生命倫理に関する記述として最も妥当なのはどれか。

1. 遺伝的に同一である個体や細胞(の集合)をクローンという。我が国では、法令等に基づく審査を受けずに、ヒトクローン胚をヒトの胎内に移植することが認められている。

2. 我が国では、遺伝子組換え食品について、安全性が確認されたものだけが販売されていることから、遺伝子組換え食品であることを表示する義務は撤廃された。

3. 我が国では、臓器移植法により、脳死と判定された人について、本人の書面による意思表示がある場合に限って、心臓などの臓器を移植のために摘出することが認められている。

4. 医療現場においては、医師が病気や治療について患者に十分な説明を行い、患者が納得した上で治療方針を決定するリヴィング・ウィルが実践されている。

5. ノーベル生理学・医学賞で注目されたiPS細胞は、胚(受精卵)を使わずに皮膚などの体細胞からつくることができ、実用化に向けた研究が進められている。

【No. 40】　次のA、B、Cは、中国の思想家に関する記述であるが、該当する思想家の組合せとして最も妥当なのはどれか。

A：人間として最も望ましいあり方を仁と表現し、親や兄・年長者への自然な情愛である孝悌は、仁の根本の一つであるとした。

B：人間の利己心を利用して賞罰を厳格に行い、道徳ではなく、法に基づく政治を行うべきとする法治主義を唱えた。

C：人間の本来の生き方は、一切の作為を捨て、全てを無為自然に委ねることであり、素朴で質素な生活に自足する小規模な共同体が、理想社会であると説いた。

	A	B	C
1.	孔子	韓非子	老子
2.	孔子	朱子	老子
3.	孔子	荀子	墨子
4.	荘子	韓非子	墨子
5.	荘子	荀子	老子

学科試験

（2 時間）

1. この問題集は数学・英語・物理の問題からなっています。あなたの受ける試験の区分に応じた学科の問題を解答してください。

試験の区分	解 答 す る 学 科 （問題番号）			解答時間
	数　　学	英　　語	物　　理	
航 空 情 報 科	No. 1～No.13	No.14～No.26		2 時間
航 空 電 子 科	No. 1～No.13		No.27～No.39	2 時間

2. この問題集で単位の明示されていない量については、全て国際単位系(SI)を用いることとします。

数　　学

2023年度　学生採用試験　学科試験

No. **1**～No. **13** は受験者全員が解答してください。

解答は、問題番号に該当する答案用紙の番号欄に記入してください。

【No. **1**】 m, n を自然数とする。次の記述の㋐、㋑、㋒に当てはまるものをA～Dから選び出したものの組合せとして正しいのはどれか。

・ m^2 が奇数であることは、m が奇数であるための ㋐ 。

・ m が 30 の約数であることは、m が 15 の約数であるための ㋑ 。

・ m 又は n が 8 の倍数であることは、mn が 8 の倍数であるための ㋒ 。

　A．必要条件であるが十分条件でない

　B．十分条件であるが必要条件でない

　C．必要十分条件である

　D．必要条件でも十分条件でもない

	㋐	㋑	㋒
1.	B	B	A
2.	B	D	C
3.	C	A	B
4.	C	A	C
5.	C	B	B

【No. **2**】 3点$(-2, -12)$, $(-1, 0)$, $(3, 8)$ を通る放物線をグラフとする2次関数として正しいのはどれか。

1. $y = x^2 + 3x + 2$
2. $y = -x^2 + 9x + 10$
3. $y = -x^2 + 3x - 2$
4. $y = -2x^2 + 6x + 8$
5. $y = -2x^2 - 6x + 4$

【No.　3】　AB = 6，AC = 10，∠BAC = 120° である △ABC の外接円の半径を R、内接円の半径を r とするとき、$\dfrac{R}{r}$ の値はいくらか。

1.　$\dfrac{4}{3}$

2.　$\sqrt{3}$

3.　$\dfrac{4\sqrt{3}}{3}$

4.　$\dfrac{14}{3}$

5.　$\dfrac{14\sqrt{3}}{3}$

【No.　4】　大人 5 人、子ども 3 人が一列に並ぶとき、どの子どもも隣り合わない確率はいくらか。

1.　$\dfrac{3}{14}$

2.　$\dfrac{2}{7}$

3.　$\dfrac{5}{14}$

4.　$\dfrac{3}{7}$

5.　$\dfrac{1}{2}$

【No.　5】　1 以上 250 以下の整数で、250 と互いに素（最大公約数が 1）であるものは全部でいくつあるか。

1.　50 個

2.　75 個

3.　100 個

4.　125 個

5.　150 個

【No.　6】　△ABC の重心を G とし、直線 AG と直線 BC
との交点を D とするとき、△GBD と △ABC の面積比と
して正しいのはどれか。

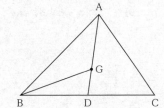

1.　1 : 3
2.　1 : 4
3.　1 : 5
4.　1 : 6
5.　1 : 7

【No.　7】　a, b は実数の定数とする。3 次方程式 $x^3 + ax^2 + 6x + b = 0$ の一つの解が $-1 - i$
であるとき、他の解のうち実数の解として正しいのはどれか。
　　ただし、i は虚数単位とする。

1.　-2
2.　$-\sqrt{2}$
3.　-1
4.　0
5.　1

【No.　8】　直線 $2x - 2y - 1 = 0$ に関して、点 $\left(2, \dfrac{9}{2}\right)$ と対称な点の座標として正しいのはどれ
か。

1.　$(4, 1)$

2.　$\left(4, \dfrac{3}{2}\right)$

3.　$\left(\dfrac{9}{2}, 1\right)$

4.　$(5, 1)$

5.　$\left(5, \dfrac{3}{2}\right)$

【No. 9】 $\dfrac{\pi}{2} \leqq \theta \leqq \pi$ とする。$\sin\theta + \cos\theta = \dfrac{1}{\sqrt{3}}$ のとき、$\cos\theta - \sin\theta$ の値はいくらか。

1. $-\sqrt{3}$

2. $-\dfrac{\sqrt{15}}{3}$

3. $-\dfrac{\sqrt{3}}{3}$

4. $\dfrac{\sqrt{3}}{3}$

5. $\dfrac{\sqrt{15}}{3}$

【No. 10】 不等式 $\log_{\frac{1}{7}}(2x + 4) > -1$ の解として正しいのはどれか。

1. $-2 < x < -\dfrac{3}{2}$

2. $-2 < x < \dfrac{3}{2}$

3. $x > -\dfrac{3}{2}$

4. $0 < x < \dfrac{3}{2}$

5. $x < \dfrac{3}{2}$

【No. 11】 点 $(1, 0)$ から曲線 $y = x^2 + 3$ に引いた接線のうち、傾きが負の直線の方程式として正しいのはどれか。

1. $y = -2x + 2$

2. $y = -3x + 3$

3. $y = -4x + 4$

4. $y = -5x + 5$

5. $y = -6x + 6$

【No. 12】 数列 $\{a_n\}$ の初項から第 n 項までの和 S_n が $S_n = 3a_n + 2$ で表されるとき、a_n を表す式として正しいのはどれか。

1. -3^{n-1}

2. $-\left(\dfrac{3}{2}\right)^{n-1}$

3. $-\left(\dfrac{3}{2}\right)^{n}$

4. $\left(\dfrac{3}{2}\right)^{n-1}$

5. 3^{n}

【No. 13】 $|\vec{a}| = 1$, $|\vec{b}| = \sqrt{2}$ で、$\vec{a} - \vec{b}$ と $3\vec{a} + 2\vec{b}$ が垂直であるとき、$\vec{a}$, $\vec{b}$ のなす角として正しいのは次のうちではどれか。

1. $45°$

2. $60°$

3. $90°$

4. $120°$

5. $135°$

英　　語

> **航空情報科**の受験者は No. **14**～No. **26** を解答してください。
>
> 解答は、問題番号に該当する答案用紙の番号欄に記入してください。
>
> **航空電子科**の受験者は**解答する必要はありません。**

【No. **14**】 次の㋐～㋓のうち、第一アクセント（第一強勢）の位置が妥当なもののみを挙げているのはどれか。

　㋐　caréer

　㋑　coffée

　㋒　mechánism

　㋓　photógraphy

1.　㋐、㋒

2.　㋐、㋓

3.　㋑、㋒

4.　㋑、㋓

5.　㋒、㋓

【No. **15**】 次の㋐～㋓のうち、下線部の単語を各行右側の（　　　　）内の単語に置き換えた場合においても、ほぼ同じ意味の文になるもののみを挙げているのはどれか。

　㋐　I applied for a job as an interpreter, but I was <u>rejected</u>.　　　　　（interviewed）

　㋑　The hospital was <u>forced</u> to close because of lack of money.　　　　（helped）

　㋒　I can't <u>stand</u> this extremely hot weather.　　　　　　　　　　（endure）

　㋓　He has been <u>banned</u> from driving for six months.　　　　　　　（prohibited）

1.　㋐、㋑

2.　㋐、㋓

3.　㋑、㋒

4.　㋑、㋓

5.　㋒、㋓

【No. 16】 次のA、B、Cの(　　　)内の㋐、㋑のうち、より適切なものを選び出したものの組合せとして最も妥当なのはどれか。

A．I know nothing about Ms. Green (㋐ except ㋑ without) that she works at the hospital.

B．You can't leave (㋐ until ㋑ when) your answer sheet has been checked.

C．(㋐ Since ㋑ Though) my leg was broken, I decided to take a taxi instead of walking home.

	A	B	C
1.	㋐	㋐	㋐
2.	㋐	㋐	㋑
3.	㋐	㋑	㋑
4.	㋑	㋐	㋐
5.	㋑	㋑	㋑

【No. 17】 次のA、B、Cの(　　　)内の㋐、㋑のうち、より適切なものを選び出したものの組合せとして最も妥当なのはどれか。

A．I gave him an expensive watch, but he lost (㋐ it ㋑ one).

B．Some people like cats, while (㋐ others ㋑ the others) like dogs.

C．Mr. Wilson is a wonderful professor. (㋐ All his students ㋑ Every one of his students) love studying with him.

	A	B	C
1.	㋐	㋐	㋐
2.	㋐	㋑	㋐
3.	㋐	㋑	㋑
4.	㋑	㋐	㋑
5.	㋑	㋑	㋐

【No. 18】 次のA、B、Cの(　　　)内の㋐、㋑のうち、より適切なものを選び出したものの組合せとして最も妥当なのはどれか。

A．I am (㋐ behalf of ㋑ in favor of) your proposal to modify our company's website.

B．She worked late and completed the paper at the (㋐ cost ㋑ view) of her health.

C．(㋐ Addition ㋑ Owing) to heavy traffic, I was late about one hour.

	A	B	C
1.	㋐	㋐	㋑
2.	㋐	㋑	㋐
3.	㋑	㋐	㋐
4.	㋑	㋐	㋑
5.	㋑	㋑	㋐

【No. **19**】 次の伝言メモの内容に合致するものとして最も妥当なのはどれか。

OFFICE　MESSAGE

TO： Takashi Murakami

FROM： Karen Scott

TIME： 9:30, March 19

(Telephone)　　Fax　　Office visit

MESSAGE：

Karen Scott from ABCD Printing called. She wants to arrange a new meeting time with you. Instead of on March 23 at 11, can you see her on March 24 at 1:30? She'll be able to go over the contract with you then. She'll try to contact you again tomorrow.

Taken By： Mike Bryant

1. Ms. Scott called Mr. Murakami to request a new contract.
2. Mr. Bryant could not answer Ms. Scott's call at 9:30 on March 19.
3. Ms. Scott will contact Mr. Murakami on March 20.
4. Ms. Scott will see Mr. Murakami on March 23.
5. Mr. Murakami will make an appointment with Mr. Bryant on March 24 at 1:30.

【No. **20**】 次の文の内容に合致するものとして最も妥当なのはどれか。

Decades of research have shown that spending time in green space is good for our physical and mental health — including boosting our emotional states and attention spans and improving our longevity. Even a little goes a long way: a study in the 1980s showed that

出典追記：【No. 19】Educational Testing Service『TOEIC テスト新公式問題集　Vol.3』国際ビジネスコミュニケーション協会

post-surgery patients assigned to hospital rooms with greenery outside recovered faster than those who didn't have such accommodations.

　Yet in many cities, outdoor space — whether your own or in terms of proximity* to parks — comes at a premium. A study from the Office of National Statistics revealed that one in eight British households had no access to green space at home, whether a private or shared space. That inequity was starker among ethnic groups: in England, black people are almost four times more likely than white people to have no access to private outdoor space. Access to public outdoor space can be a challenge, too: "There are about 100 million people in the US who don't live within 10 minutes of a park or green space," says Kimberly Burrowes, a researcher at the Urban Institute, a think tank based in Washington, DC that studies cities. And the poorer an area is, the worse the park quality, even if a park is close by.

　* proximity: nearness in distance or time

1. 裕福な者は緑地で過ごすことが健康に良いと考え、入院する際に外に緑地のある病室を希望する傾向がある。
2. 英国では、8世帯に1世帯は自宅の敷地内に緑地があるが、それ以外の世帯は公園に行かなければ緑地を利用できない。
3. 英国では、白人と比較して、約4倍の数の黒人がプライベートな屋外スペースを利用することを好む傾向にあることが分かっている。
4. Kimberly Burrowesは、米国には公園や緑地まで10分を超えるような場所に住む者が約1億人いると述べている。
5. 貧しい地域では、公園を管理することが難しいことから質の悪い公園が増えており、そのような公園は閉園した方がいい場合さえある。

【No. 21】　次の文の内容に合致するものとして最も妥当なのはどれか。

　Over the last 7 million years, our brains have tripled in size. But our original brain is still there, doing simple work like controlling bodily functions. This early brain is actually two almond-shaped clusters deep inside the brain called the amygdala. Many people call it the "lizard*1 brain" — probably because it is nearly as old as the dinosaurs. The amygdala acts like a watchdog: It detects danger and activates a "fight or flight" reaction. It also stores traumatic experiences as memories to help us deal with future conflicts. This primitive brain leaps to action, not thought. It triggers stress, anger, fear and sexual appetite, and can lead us to fight. Depending on the situation, the amygdala can make us act pathologically*2 and without reason.

出典追記：【No. 20】What outdoor space tells us about inequality, BBC Worklife on June 18, 2020 by Bryan Lufkin

2023年度　学生採用試験　学科試験

But we also have a newer brain, called the limbic system, or sometimes the "monkey brain." This allows us to think, understand and reflect. It can control, alter or subdue the impulses of the lizard brain. It can override*³ the amygdala's hair-trigger responses because the two parts of the brain work closely together. This closeness helps explain why we can't reduce a person's aggression by just getting rid of the amygdala.

As we evolved, we grew a third brain, the neocortex, which surrounds the monkey brain. This "human brain" uses logic, can think without emotion and helps us be patient before getting a reward. It gives us language, reasoning and planning.

But the amygdala is still the problem child. An overactive amygdala is likely linked to aggression. Doctors can help an individual become less aggressive with drugs and surgery, but they can't do that for the whole human race.

Why do decent citizens sometimes commit unspeakable crimes? Why do some politicians and celebrities act out primitive urges and carry out horrible acts?

The answer may be simple. Except for the criminally insane*⁴, we can all learn to make a choice not to give in to the impulses of our lizard brain and, instead, use our higher brains to control them. Managing our lizard brain is key to civilized living and survival. Societies need to implement laws that promote and enforce nonaggression. Too often, folks and nations get away with murder.

*¹ lizard: トカゲ

*² pathologically: in a way that is not reasonable or sensible, or cannot be controlled

*³ override: to take control over something, especially in order to change the way it operates

*⁴ insane: having a serious mental illness that makes somebody unable to think or behave normally

1. 「トカゲの脳」は怒りや不安を生じさせるため、どんな状況であろうと我々人間に強固な理由に基づいた恐ろしい行動をさせる。
2. 「サルの脳」と「トカゲの脳」は相互に密接に関わっているため、「トカゲの脳」を取り除くことで人間の攻撃性を減少させることができる。
3. 「ヒトの脳」は人間に論理的思考をもたらすが、その思考は「トカゲの脳」の影響も受けるため感情に左右される。
4. 医学が発展し、医師は薬や手術によって人類全体の攻撃性を減少させることができるようになった。
5. 人間がより高度な脳を用いて「トカゲの脳」を制御することは、文明化された生活と生存にとって重要である。

出典追記：The Japan Times Alpha, September 16, 2022

【No. 22】　次の文の内容に合致するものとして最も妥当なのはどれか。

My name is Bogale Borena and I am a 50-year-old father of six. I recently set up an avocado nursery with the capacity to produce 40,000 grafted[*1] seedlings[*2], which I can sell to some of the 300,000 avocado farmers who cultivate the crop in the Sidama and SNNPR regions of Ethiopia. I now employ 14 young people in the nursery.

I was motivated to grow avocados when a new avocado oil processing plant was established within the Integrated Agro Industries Park (IAIP) near my village.

The park employs 490 local people and is the first park of its kind in my region. It works closely with smallholder growers to ensure an adequate supply of avocadoes.

The Food and Agriculture Organization (FAO) provided technical assistance with the support of the Ministry of Agriculture with the aim of developing a value chain scheme, which includes improving productivity and the quality of commercial avocado varieties.

It also promotes sustainable farming practices for local smallholders.

Through careful avocado nursery management, the use of grafting tools and polyethene bags, I have increased production from 15,000 seedlings in 2020 to 40,000 in 2021.

It takes less than a year to grow and sell seedlings, and around three to four years for the plants to yield fruits, so the pay off for me has been immediate.

I was initially selling seedlings locally for 50 birr ($1) a piece. My projected potential annual earnings are now 2 million birrs (around $44,000). Next year, in 2022, I intend to more than double my production to 100,000 seedlings.

By growing grafted avocado seedlings, I have boosted my income and transformed my family's life.

As a result, I can plan to improve my house, buy a truck to transport fruits and other agricultural items, and establish a flour mill in my village. This will serve the local community and create employment opportunities for local youth.

I think my nursery is a good example of how inclusive agricultural value chains can boost youth employment and farmers' incomes, contributing to the eradication[*3] of poverty.

[*1] graft: to cut a piece from a living plant and attach it to another plant

[*2] seedling: a young plant or tree grown from a seed

[*3] eradication < eradicate: to completely get rid of something such as a disease or a social problem

1. Borena 氏は、アボカドの苗を栽培していたが、住んでいる村の近くにアボカドオイル加工工場が設立されたとき、そこで地元の住民と共に働き始めた。

2. IAIP は、アボカドの適切な供給を確保するために小規模農家と緊密に連携し、IAIP の敷地内

出典追記：Food Heroes: Ethiopian avocado farmer's 'transformational' crop. UN News on October 16, 2021

で生産性と品質向上の指導をしながら、アボカド生産を行っている。

3. Borena 氏は、注意深くアボカドの苗床を管理し、接ぎ木道具等を使うことによって、アボカドの苗木を増産した。

4. アボカドの苗木を育てるには 1 年もかからないが、アボカドの実がなるにはおよそ 3 、 4 年かかるため、Borena 氏の収入が増えるのは数年後である。

5. Borena 氏は、農業に従事する地元の若者の収入を 2 倍以上に上げるため、農機具を購入して、若者に起業の指導を行った。

【No. 23】 次の文の内容に合致するものとして最も妥当なのはどれか。

Faced with a rapid increase in overweight, which affects almost half of its children today, Chile has launched a comprehensive programme[*1] to try to improve children's food environments, with the aim of encouraging and supporting children, young people and caregivers to make healthier decisions.

Key initiatives include a National Food and Nutrition Policy, which outlines the right to good-quality, culturally appropriate food that supports good health and well-being. Other actions include a new and innovative food labelling law that aims to protect children's nutrition by modifying food environments, promoting informed decisions on food, and decreasing consumption of excess sodium, sugar and saturated fats[*2].

The law addresses five main areas: new front of package (FOP) warning labels; restrictions on food advertising, especially directed towards children aged under 14; incorporation of messages promoting healthy lifestyle habits in food advertising; restrictions on the sale of food with excess sodium, sugar and saturated fats in schools; and incorporation of activities in all schools that contribute to developing healthy eating habits and an active lifestyle.

The new warning labels have a striking format: white letters on a black octagon, warning consumers that a product is high in calories, sodium, sugar and/or saturated fat.

Evaluations of the law and its implementation indicate that the public, especially children, support and easily understand these new messages. Most consumers take the warning labels on food products seriously and prefer to buy foods with fewer or no labels. Also, the majority of schools comply with the regulations, providing healthier environments without advertising or marketing for inappropriate foods, and the presence of healthier food with critical nutrients, and more spaces for physical activities. A number of industries have reformulated the composition of their food products in order to stay below the established limits of unhealthy ingredients.

出典追記：The State of the World's Children 2019: Children, Food and Nutrition by UNICEF

*1 programme > program

*2 saturated fat: a fat found in meat, milk, and eggs, which is thought to be bad for health

1. チリでは、過体重の子供の急増を受けて、これを半減させて健康志向の政策決定に若年層の支持を集めるため、新たなプログラムが立ち上げられた。
2. チリでは、食品ラベル法において、パッケージに健康的な生活習慣を促すメッセージの掲載がない食品について、14歳未満の子供のいる家庭に販売することを規制している。
3. チリで新たに導入された警告ラベル表示は、白と黒のモノトーンを基調とした目立たないデザインで、商品の外観を損なわないよう配慮されている。
4. チリでは、ほとんどの消費者が食品の購入時に警告ラベル表示を真剣に捉えており、警告がより少ないものを選ぼうとする傾向が認められている。
5. チリでは、事業者が食品の成分の見直しを進めつつあるが、その取組を行う事業者の数は、政府の定めた目標に達していない。

【No. **24**】 次の語群の㋐～㋔の単語を並べ替えて(　　)内を補い、和文に対応する英文を作るとき、㋐～㋔のうちで(　　)内の2番目と5番目に来るものの組合せとして最も妥当なのはどれか。

和文：読書ほど面白いものはない。

英文：There is (　　　　　　　　　).

語群：㋐ reading　㋑ interesting　㋒ more　㋓ nothing　㋔ than

	2番目	5番目
1.	㋑	㋐
2.	㋑	㋓
3.	㋒	㋐
4.	㋒	㋓
5.	㋔	㋑

【No. **25**】 次の㋐～㋕は、二人が交互に行った発言を並べ替えたものである。㋐～㋕の文を会話として意味が通るように並べたとき、2番目と5番目に来るものの組合せとして最も妥当なのはどれか。

㋐　Yes. But it is about a ten-minute walk from here.

㋑　Are you Okay?

㋒　Is there a clinic in the neighborhood?

㋓　Okay. I'll go by taxi.

㋔　Oh, no. That is terrible. You should see a doctor.

㋕　I fell and hurt my ankle. I can't walk.

　　　2番目　5番目
1.　　㋐　　　㋔
2.　　㋑　　　㋐
3.　　㋒　　　㋑
4.　　㋔　　　㋒
5.　　㋕　　　㋐

【No. 26】　次の会話の空欄A、B、Cに当てはまる文を㋐～㋔から選び出したものの組合せとして最も妥当なのはどれか。

Store Manager:　Hi, there. Welcome to XYZ Works! How can I help you?

Customer　　　:　I am looking for a unique gift and ┃　　A　　┃.

Store Manager:　Here at XYZ Works, we focus on things that are handmade and recycled.

Customer　　　:　Wow! That is really good for the environment. Can I look around?

Store Manager:　Please do.

Customer　　　:　Oh, ┃　　B　　┃.

Store Manager:　You know, when I found those pieces, they were broken and in a dumpster. It's not easy to see the treasure in trash.

Customer　　　:　I see.

Store Manager:　But you can learn. In fact, I teach private classes. And one is called Turning Trash to Treasure. Next week, bring in some trash and ┃　　C　　┃.

Customer　　　:　Got it! I'll see you next week.

㋐　something goes wrong

㋑　these pieces are very interesting

㋒　a friend told me about your store

㋓　everybody can make something

㋔　we'll turn it into treasure

出典追記：Voice of America

	A	B	C
1.	㋐	㋑	㋔
2.	㋐	㋒	㋓
3.	㋒	㋑	㋔
4.	㋒	㋔	㋓
5.	㋓	㋐	㋑

物　　　理

2023年度　学生採用試験　学科試験

> **航空電子科**の受験者は No. 27〜No. 39 を解答してください。
>
> 解答は、問題番号に該当する答案用紙の番号欄に記入してください。
>
> **航空情報科**の受験者は**解答する必要はありません。**

【No. 27】　船 A は東向きに 10 m/s の速さで進み、船 B は北向きに 10 m/s の速さで進んでいる。
A から見た B が進む向きと速さとして最も妥当なのはどれか。

1. 北東向きに 10 m/s
2. 北東向きに 14 m/s
3. 南東向きに 14 m/s
4. 北西向きに 10 m/s
5. 北西向きに 14 m/s

【No. 28】　図のように、長さ 1.2 m の軽い一様な棒を、端 A から 0.80 m の点 O で糸につるす。
A に重さ 15 N のおもりをつるし、もう一方の端 B に鉛直下向きの力を加えて棒を水平に静止さ
せたとき、O に付けた糸の張力の大きさとして最も妥当なのはどれか。

1. 35 N
2. 40 N
3. 45 N
4. 50 N
5. 55 N

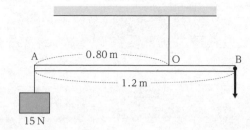

【No. 29】 図のように、水平面とのなす角が θ の滑らかな斜面上に、糸でつながれた質量 m の物体Ａと質量 $3m$ の物体Ｂがある。Ａを斜面と平行な向きに大きさ F の力で引くと、ＡとＢは糸でつながれたまま斜面を上り始めた。このとき、Ｂの加速度の大きさとして最も妥当なのはどれか。

ただし、重力加速度の大きさを g とする。

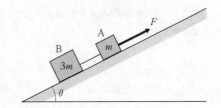

1. $\dfrac{F}{4m} - g\sin\theta$

2. $\dfrac{F}{4m} - g\cos\theta$

3. $\dfrac{F}{3m} - g\sin\theta$

4. $\dfrac{F}{3m} - g\cos\theta$

5. $\dfrac{F}{3m}$

【No. 30】 滑らかな水平面内にある直線上で、右向きに速さ v で進む質量 $2m$ の小球Ａが、静止していた質量 $3m$ の小球Ｂに衝突し、衝突後、ＡとＢはそれぞれ右向きに進んだ。衝突後のＡの速さが $\dfrac{1}{5}v$ であったとき、ＡとＢの間の反発係数として最も妥当なのはどれか。

1. $\dfrac{1}{6}$

2. $\dfrac{1}{5}$

3. $\dfrac{1}{4}$

4. $\dfrac{1}{3}$

5. $\dfrac{1}{2}$

【No. 31】 図のように、滑らかな水平面上で、ばね定数 3.0×10^2 N/m のばねの一端を壁に固定し、他端に質量 1.2 kg の小球を押しつけ、自然長から 0.20 m だけ縮めた状態から静かに放したところ、小球は、ばねが自然長になった位置でばねから離れ、水平面とつながる滑らかな曲面に沿って滑り上がった。このとき、小球が達する最高点の水平面からの高さとして最も妥当なのはどれか。

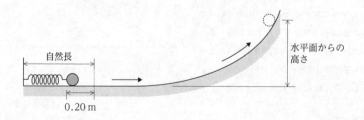

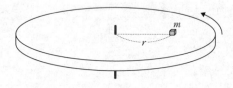

ただし、重力加速度の大きさを $10\,\mathrm{m/s^2}$ とし、小球の運動とばねの変形は同一平面内で生じるものとする。

自然長

0.20 m

水平面からの
高さ

1.　0.10 m

2.　0.20 m

3.　0.30 m

4.　0.40 m

5.　0.50 m

【No. 32】　図のように、中心軸のまわりに回転する水平で粗い円板の、中心から r だけ離れたところに質量 m の小物体を置いた。円板の角速度を徐々に大きくしていくと、角速度がある値より大きくなったときに小物体は滑り出した。このときの円板の周期として最も妥当なのはどれか。

ただし、小物体と円板との間の静止摩擦係数を μ、重力加速度の大きさを g とする。

1.　$\dfrac{1}{2\pi}\sqrt{\dfrac{r}{\mu g}}$

2.　$\dfrac{1}{2\pi}\sqrt{\dfrac{\mu g}{r}}$

3.　$2\pi\sqrt{\mu g r}$

4.　$2\pi\sqrt{\dfrac{r}{\mu g}}$

5.　$2\pi\sqrt{\dfrac{\mu g}{r}}$

r

m

【No. 33】　ある金属でできた $250\,\mathrm{g}$ の物体を $20\,℃$ から $80\,℃$ に上昇させるのに $4.5\,\mathrm{kJ}$ の熱量を必要とした。この金属の比熱として最も妥当なのはどれか。

1. 0.30 J/(g·K)
2. 0.40 J/(g·K)
3. 0.50 J/(g·K)
4. 0.60 J/(g·K)
5. 0.70 J/(g·K)

【No. **34**】 滑らかに動くピストンのついた容器に閉じ込めた理想気体が、次の㋐、㋑のように変化したとき、それぞれの場合の気体の内部エネルギーの変化に関する記述の組合せとして最も妥当なのはどれか。

㋐ 気体を圧縮して 3.5×10^2 J の仕事をしたところ、気体は 2.0×10^2 J の熱を放出した。

㋑ 温度を一定に保ったまま気体に 3.5×10^2 J の熱を与えたところ、気体は膨張した。

	㋐	㋑
1.	増加する	減少する
2.	増加する	変わらない
3.	減少する	増加する
4.	減少する	減少する
5.	変わらない	変わらない

【No. **35**】 音に関する次の記述の㋐、㋑、㋒に当てはまるものの組合せとして最も妥当なのはどれか。

「音(音波)は、波の一種であり、媒質が [㋐] 伝わる [㋑] である。波に共通する現象は、音においても観察することができる。例えば、直接には姿が見えなくても、塀の向こう側の人の声が聞こえることがある。これは、音が [㋒] し、塀の背後にも届くためである。」

	㋐	㋑	㋒
1.	気体のときのみ	縦波	回折
2.	気体のときのみ	横波	干渉
3.	気体、液体、固体のいずれであっても	縦波	回折
4.	気体、液体、固体のいずれであっても	縦波	干渉
5.	気体、液体、固体のいずれであっても	横波	干渉

【No. **36**】 図のように、振動数fのおんさAに付けた弦の端に、滑車を通しておもりをつり下げ、おんさを振動させたところ、PQ間に3倍振動の定常波が生じた。次に、おんさAを、振動数の異なるおんさBに取り替えて同じ実験をしたところ、PQ間に5倍振動の定常波が生じた。おんさBの振動数として最も妥当なのはどれか。

1. $\frac{3}{5}f$
2. $\frac{2}{3}f$
3. $\frac{3}{2}f$
4. $\frac{5}{3}f$
5. $\frac{5}{2}f$

【No. **37**】 電磁波に関する記述㋐、㋑、㋒のうち、妥当なもののみを全て挙げているのはどれか。

㋐ 電波は、波長が0.1 mm以上であり、波長に応じて、ラジオやテレビ放送、航空機の管制などに利用されている。

㋑ 紫外線は、可視光線よりも波長が長く、物体を温めるはたらきがある。また、リモコンにも利用されている。

㋒ X線は、可視光線よりも波長が短く、レントゲン検査のほか、物体の内部や結晶構造の解析に利用されている。

1. ㋐、㋑
2. ㋐、㋒
3. ㋑
4. ㋑、㋒
5. ㋒

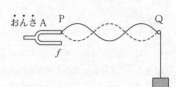

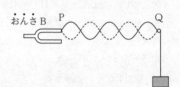

【No. **38**】 図のような回路において、直流電源に流れる電流が 5.0 A であったとき、抵抗 R での消費電力として最も妥当なのはどれか。

ただし、直流電源の内部抵抗は無視できるものとする。

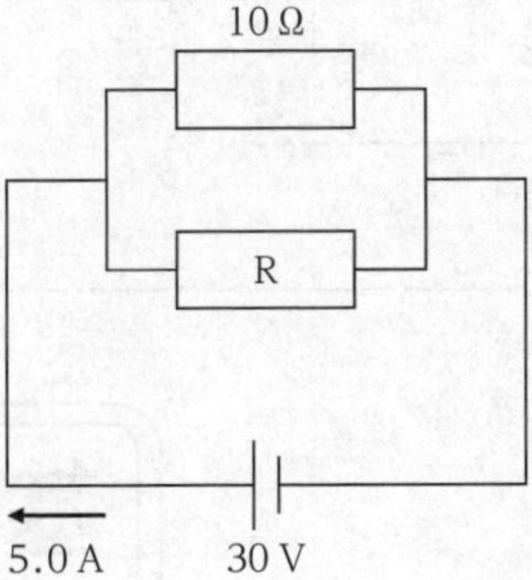

1. 50 W
2. 60 W
3. 70 W
4. 80 W
5. 90 W

【No. **39**】 電位差と仕事に関する次の記述の㋐、㋑に当てはまるものの組合せとして最も妥当なのはどれか。

「図のように、一様な電場 E の中で、電気量 q の正電荷を点 A に静かに置いたところ、正電荷は静電気力を受けて移動し、距離 d だけ離れた点 B に達した。このとき、AB 間の電位差は [㋐] であり、正電荷が A から B に達するまでに静電気力がした仕事は [㋑] である。」

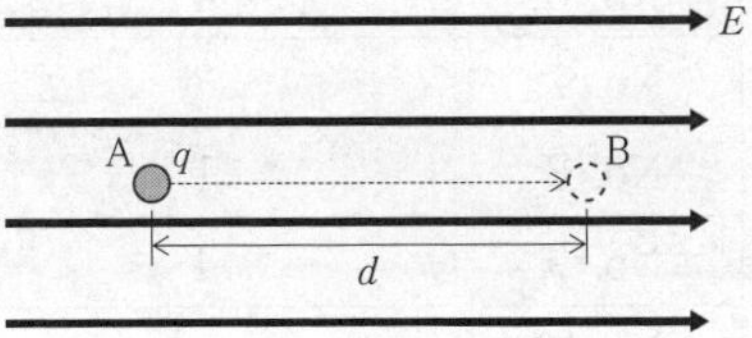

	㋐	㋑
1.	Ed	qEd
2.	Ed	$\frac{Ed}{q}$
3.	$\frac{E}{d}$	qEd
4.	$\frac{E}{d}$	$\frac{Ed}{q}$
5.	$\frac{E}{d}$	$\frac{qE}{d}$

解　答　編

基礎能力試験

問題	正答	問題	正答
No. 1	1	No. 21	4
No. 2	3	No. 22	5
No. 3	4	No. 23	5
No. 4	2	No. 24	1
No. 5	4	No. 25	2
No. 6	4	No. 26	3
No. 7	3	No. 27	5
No. 8	1	No. 28	3
No. 9	4	No. 29	4
No. 10	1	No. 30	2
No. 11	1	No. 31	3
No. 12	1	No. 32	5
No. 13	2	No. 33	2
No. 14	2	No. 34	3
No. 15	1	No. 35	5
No. 16	3	No. 36	2
No. 17	1	No. 37	3
No. 18	2	No. 38	5
No. 19	5	No. 39	5
No. 20	4	No. 40	1

学科試験

問題	正答	問題	正答
No. 1	3	No. 21	5
No. 2	4	No. 22	3
No. 3	4	No. 23	4
No. 4	3	No. 24	3
No. 5	3	No. 25	5
No. 6	4	No. 26	3
No. 7	1	No. 27	5
No. 8	5	No. 28	3
No. 9	2	No. 29	1
No. 10	2	No. 30	4
No. 11	1	No. 31	5
No. 12	2	No. 32	4
No. 13	5	No. 33	1
No. 14	2	No. 34	2
No. 15	5	No. 35	3
No. 16	1	No. 36	4
No. 17	1	No. 37	2
No. 18	4	No. 38	2
No. 19	3	No. 39	1
No. 20	4		

//////////////// · **memo** · ////////////////

//////////////// · **memo** · ////////////////

2022
年度

問題と解答

■航空保安大学校学生採用試験

問題編

▶試験の方法

試験	試験種目	内　　　　容		配点比率
		航空情報科	航空電子科	
第1次試験	基礎能力試験（多肢選択式）	公務員として必要な基礎的な能力（知能及び知識）についての筆記試験　出題数は 40 題 　知能分野 20 題 　（文章理解⑦，課題処理⑦，数的処理④，資料解釈②） 　知識分野 20 題 　（自然科学⑤，人文科学⑨，社会科学⑥）		$\frac{1}{4}$
	学科試験（多肢選択式）	「数学Ⅰ・Ⅱ・A・B（数列，ベクトル）⑬」，「コミュニケーション英語Ⅰ・Ⅱ⑬」についての筆記試験　計 26 題	「数学Ⅰ・Ⅱ・A・B（数列，ベクトル）⑬」，「物理基礎・物理⑬」についての筆記試験　計 26 題	$\frac{2}{4}$
第2次試験	人物試験	人柄，対人的能力などについての個別面接		$\frac{1}{4}$
	身体検査	主として胸部疾患（胸部エックス線撮影を含む），血圧，尿，その他一般内科系検査		＊
	身体測定	色覚，聴力についての測定	色覚についての測定	＊

▶備　考

- ○内の数字は出題予定数である。
- 「配点比率」欄に＊が表示されている試験種目は，合否の判定のみ行われる。
- 第2次試験の際，人物試験の参考とするため，性格検査を行う。
- 航空電子科では，航空保安大学校での研修において，採用試験科目以外に数学Ⅲを入学までに学習していることを前提とした講義がなされる。

基礎能力試験

（1 時間 30 分）

【No. 1】　次の文の内容と合致するものとして最も妥当なのはどれか。

　かつて私は、私の本の若い読者からこんな質問を受けたことがある。なぜ、勉強をしなければならないのですか、と。そのとき、私は、十分答えることができなかった。もちろん今でも十分に答えることはできない。しかし、少なくとも次のようにいうことはできるだろう。

　連続して変化する色のグラデーションを見ると、私たちはその中に不連続な、存在しないはずの境界を見てしまう。逆に不連続な点と線があると、私たちはそれをつないで連続した図像を作ってしまう。つまり、私たちは、本当は無関係なことがらに、因果関係を付与しがちなのだ。なぜだろう。連続を分節し、ことさら境界を強調し、不足を補って見ることが、生き残る上で有利に働くと感じられたから。もともとランダムに推移する自然現象を無理にでも関連づけることが安心につながったから。世界を図式化し単純化することが、わかることだと思えたから。

　かつて私たちが身につけた知覚と認識の水路はしっかりと私たちの内部に残っている。しかしこのような水路は、ほんとうに生存上有利で、ほんとうに安心を与え、世界に対する、ほんとうの理解をもたらしたのだろうか。ヒトの眼が切り取った「部分」は人工的なものであり、ヒトの認識が見出した「関係」の多くは妄想でしかない。

　私たちは見ようと思うものしか見ることができない。そして見たと思っていることも、ある意味ですべてが空目なのである。

　世界は分けないことにはわからない。しかし分けてもほんとうにわかったことにはならない。

《中　略》

　私たちは世界の全体を一挙に見ることはできない。しかし大切なのはそのことに自省的であるということである。なぜなら、おそらくあてどなき解像と 鳥 瞰*のその繰り返しが、世界に対するということだから。

　滑らかに見えるものは、実は毛羽立っている。毛羽立って見えるものは、実は限りなく滑らかなのだ。

　そのリアルのありようを知るために、私たちは勉強しなければならない。

（注）　*鳥 瞰：全体を大きく眺め渡すこと

福岡伸一『世界は分けてもわからない』

　1.　不連続な点と線を連続した図像として見ないように、私たちは日頃から眼の訓練をする必要がある。

2. ヒトは、珍しい自然現象を見るとき、畏怖の念を抱き、正確に事象を把握しにくくなる。

3. 知覚の水路と認識の水路を切り離すことで滑らかに見えることが誤りで、毛羽立っていることが唯一の真実であると理解できる。

4. 世界で活躍するためには、ささいなことに捉われず物事を単純化する能力が必要である。

5. 私たちは、無関係な事柄にも関係があると思いがちであり、世界全体を一度に見ることはできないことを認識すべきである。

【No. 2】　次の文の内容と合致するものとして最も妥当なのはどれか。

　巨大な王陵がさかんに築造されたのは国家の形成の初期段階に多く、強力な官僚機構と成文法をもち支配制度が整った段階の国家になると、逆に王墓を壮大に造ることは重視されなくなった。これは、世界各地でみとめられる現象だ。

　日本の場合、前方後円墳が終焉をむかえる 6 世紀末は、律令制国家への本格的歩みが始まった時期であった。エジプトでファラオの墓としてのピラミッドが衰退し、目立たない横穴墓が王家の谷に集中した時期は、官僚機構を整備した新王国の出発の時代であった。また、ヨーロッパでバイキングの王の大きな円形墳が消滅する 10 世紀は、成文法をもった古代国家が誕生する時期であった。

　国家をどのようなものと考えるか、国家の成立をどのような指標で決めるのかという論争は活発である。軍事機構と官僚機構と成文法、そして租税徴収をはじめ民衆支配の装置を完備した社会を国家とみる点では大方の一致がある。しかし、そのような国家は突如として誕生したわけではない。階級関係のゆるやかな部族社会や首長制社会から、成熟した国家にいたる長期の歩みの中にはいくつかの段階がある。支配する王がいて、役人や軍隊と租税徴収システムをもつ中央政体がありながら、官僚機構や成文法をもち個別人身支配が制度的に整った成熟国家には到達していない段階を私は初期国家としてとらえている。

　王陵は、支配機構が未成熟な段階において、神格化された王の宗教的権威によって民衆をまとめ支配するという初期国家の段階を特徴づけるものといえよう。王の宗教的権威によって民衆を支配する必要がもはやなくなった成熟国家の段階に達したとき、王陵はその存在意義を失ったのである。

都出比呂志『王陵の考古学』

1. 初期国家から成熟国家へと支配制度が整っていくにつれ、民衆にたやすく王陵を造らせることが可能になり、王陵はもはや王の権威を示すものではなくなった。

2. 初期国家とは、王が宗教的権威により民衆をまとめている国家であり、エジプトでは新王国以降の全ての時代がそれに該当する。

3. 初期国家において、王は王陵の造営を通じて民衆をまとめ支配する方法を確立していき、それがのちの官僚機構の基礎となった。

4. 国家が成熟国家の段階に達するまでは、多くの場合長い年月を要するが、初期国家の段階にお

いて王陵を造営していなかった国家は、より早く成熟する傾向にある。

5. 国家が成熟国家の段階に達すると、王は宗教的権威ではなく官僚機構や成文法をもって民衆を支配することができ、巨大な王陵は必要ではなくなる。

【No. 3】 次の文の内容と合致するものとして最も妥当なのはどれか。

僕がこれまでのさまざまな活動を通じて出会ってきた若者の多くは、「これが足りないからなにがなんでも頑張らなきゃ」というハングリー精神はあまりもち合わせていないようでした。しかし、それは無気力でなにも求めていないということではありません。どうやら彼らは、さらなる成長や発展を求め続けて、常に変化し続けることを無意識に欲しているようでした。そして、目標や何かを「達成」して、それを先生や上司に評価されることよりも、日常生活の中で誰かに信頼されて、一緒に学んだり楽しんだりできるような、充実した成長のプロセスを求めているように見えました。

だとすると、従来、学校や会社の中で当然のようにおこなわれていた、教育や人材育成の考え方や、組織のあり方、特に先生と生徒、上司と部下といった上下関係における「かたい」関係とコミュニケーションのあり方を、根本的に見なおさなくてはならないのかもしれません。

「かたい」関係を解きほぐし、みんなが共に変化しながら学習・成長できるゆるいコミュニケーションを促していくためには、「話し手」と「聞き手」といった役割分担の構図をつくらないことが重要になってきます。

「話し手」と「聞き手」という構図のもとでは、否応なしに両者に上下関係や主従関係のようなものができてしまい、「話し手」による「正解の提供」や、「聞き手」による「答えの探り合い」がはじまってしまいがちです。「聞き手」の間で、あらかじめ用意された「一つの正解」に、誰がいち早くたどり着けるのか、といった答え探しのレースからは、想定外の変化や学びは生まれません。

大事なことは、その場にいる一人ひとりが、それぞれもっている感覚を示し合ったり、自分なりの持ち味を発揮し合ったりすることです。したがって、会議や勉強会を進行する司会者や担当者には、一方的に何かを伝授しようとするのではなく、集まったメンバーと同じところにまで降りていき、一緒に悩み、一緒に試行錯誤するというスタンスが求められます。「教える」という行為を手放し、出口の見えない迷路にあえて自分も一緒に迷い込んでいくと、当然ストレスはかかります。しかし、自分自身も変化をつくる担い手の一人となり、そして自分自身が変化そのものの一部となり、自ら学びや成長を体験していかなくてはなりません。

若新雄純『創造的脱力』

1. 筆者(僕)が出会った若者は、ハングリー精神をあまり持っておらず、一方的に何かを伝授してもらうことに慣れているように感じられた。

2. 「かたい」関係を解きほぐし、「話し手」と「聞き手」といった役割分担の構図をつくらないことが、想定外の変化や学びにつながり得る。

3. 今の時代を生きる若者は、高く掲げた目標を達成し、それが評価されることを最も欲しており、

さらに、楽しみながら進めることができるかどうかも重視する傾向が強いといえる。

4. 先生と生徒、上司と部下といった従来型の上下関係に基づく答え探しのレースは、もはや時代遅れであり、若者の無気力さを変えることにはつながらない。

5. 会議や勉強会などの司会者が出口の見えない迷路に迷い込むと、進行が曖昧になり、学びや成長を感じにくくなるため、他のメンバーにストレスがかかる。

【No. 4】　次の文の　　　　　　　　に当てはまるものとして最も妥当なのはどれか。

ミステリーは殺人犯という形でわからない部分をまず教えてくれます。そのわからない部分を、少しずつわかるようにしてくれるのがミステリーです。

ミステリーの面白さは話の中に作者がわざとちりばめた手掛かりらしいものの中から、どれが本当の手掛かりかを見つけ出すことにあります。その手掛かりがあれば話がひとつにまとまってしまう、という手掛かりです。「金色の鼻眼鏡」の場合は、登場する人物の誰もが犯人でなく、実は犯人はそれまでは一度も登場しなかった人物という設定です。しかも、その人物の存在は度の強い婦人用眼鏡の持ち主、ということで最初から暗示されていたのです。

このようにミステリーではわからない部分は犯人探しという形で準備されていますが、現実生活ではそうはゆきません。犯人は準備されていないのです。犯人、つまりわからない部分は自分で発見しなければなりません。ですが、わからない問題を発見した後は、その解決方法はミステリーの犯人探しと似ています。自分の手持ちの材料から、犯人探しをやるのです。

学校ではわからないことは試験問題とか、先生からの質問という形で与えられます。ですが、このように受け身の形で人から与えられた問題(わからないこと)が解けたからといって、知識が自分のものになるわけではありません。本当の意味でのわかる・わからないの区別の能力は人から与えられるものではありません。自分から自発的にわからないことをはっきりさせ、それを自分で解決してゆかないかぎり、自分の能力にはならないのです。

「十で神童、十五で秀才、二十過ぎればただの人」という言葉があります。学校で試験が出来たからといって、それは与えられたことをこなしているだけで、その人の能力の尺度にはなりません。社会に出た時、なんやあいつ、と無能をさらすことになります。社会で生きてゆくには

　　　　　　　　　　　　　　　　　　　　　　　　　　　です。

人間は生物です。生物の特徴は生きることです。それも自分で生き抜くことです。知識も同じで、よくわかるためには自分でわかる必要があります。自分でわからないところを見つけ、自分でわかるようにならなければなりません。自発性という色がつかないと、わかっているように見えても、借り物にすぎません。実地の役には立たないことが多いのです。

山鳥重『「わかる」とはどういうことか』

1. 自分で自分のわからないところをはっきりさせ、自分でそれを解決してゆく力が必要

2. 自分なりの答えを導き出し、それを人に確認してもらうことが必要

3. 自分に不足しているところを指摘してもらい、その点を学校でもう一度学び直す意欲が必要

4. 多様な分野の人々に対して、自発的に教えを乞う姿勢が重要

5. 社会に出る前に、あらかじめ自らの意志で能力を身に付けておくことが重要

【No.　5】　次の文の内容と合致するものとして最も妥当なのはどれか。

　延喜の、世間の作法したためさせたまひしかど、過差*¹をばえしづめさせたまはざりしに、この殿、制を破りたる御装束の、ことのほかにめでたきをして、内にまゐりたまひて、殿上にさぶらはせたまふを、帝、小蔀*²より御覧じて、御けしきとあしくならせたまひて、職事を召して、「世間の過差の制きびしき頃、左のおとどの、一の人といひながら、美麗ことのほかにてまゐれる、便なきことなり。はやくまかり出づべきよし仰せよ」と仰せられければ、うけたまはる職事は、いかなることにかと怖れ思ひけれど、まゐりて、わななくわななく、「しかじか」と申しければ、いみじくおどろき、かしこまりうけたまはりて、御随身*³の御先まゐるも制したまひて、急ぎまかり出でたまへば、御前どもあやしと思ひけり。さて本院の御門一月ばかり鎖させて、御簾の外にも出でたまはず、人などのまゐるにも、「勘当の重ければ」とて、会はせたまはざりしにこそ、世の過差はたひらぎたりしか。うちうちによくうけたまはりしかば、さてばかりぞしづまらむとて、帝と御心あはせさせたまへりけるとぞ。

　（注）　*¹ 過差：度を越したぜいたく　　　*² 小蔀：小窓
　　　　　*³ 御随身：高貴な人に朝廷が与える護衛

1. 帝は、自身よりも立派な装束を身に付けている殿がいたため、不機嫌になった。

2. 帝は、大臣の装束があまりに美麗であるため、動きづらく不便ではないかと考えた。

3. 職事が大臣の前で激しく震えていたため、大臣はあきれて出て行ってしまった。

4. 大臣は、ぜいたくを帝にとがめられたため、1 か月ほど閉じこもり、人にも会わなかった。

5. 大臣は、帝と協力してぜいたくを取り締まったが、その効果は出なかった。

【No.　6】　次の文の内容と合致するものとして最も妥当なのはどれか。

Students at the Eindhoven University of Technology in the Netherlands have built a mobile home that runs on solar power. On a full battery, they say "Stella Vita" can travel 600 kilometers — but on a sunny day, its solar panels can increase that to 730 kilometers.

The 22 students who made the Stella Vita are members of Solar Team Eindhoven — a group that believes that the future of sustainable transport is solar-powered.

Solar Team Eindhoven describes the Stella Vita as a "self-sustaining house on wheels." The mobile home makes its own power for driving, but also for showers, watching television, making coffee and charging computers and phones.

When the Stella Vita isn't being driven, its roof can be raised to give people inside more space, while more solar panels can also be pulled out. This doubles the size of the solar panels to 17.5 square meters. When the extra solar panels are pulled out, the students say it only takes about two or three days to charge the vehicle to 100%.

Inside the Stella Vita is a seating area with a table and a small kitchen space. The mobile home also has a double bed, a toilet and a shower.

1. Stella Vita は、太陽光発電で動く車輪の付いた移動式住宅であり、晴れの日にソーラーパネルを使用すれば、最長 600 キロメートルを走行することができる。
2. Stella Vita は、22 人の学生のチームによって開発され、オランダでの販売を視野に入れつつ研究が進められている。
3. Stella Vita は、運転するためだけでなく、テレビを見たり、コーヒーを入れたりするための電力を自ら作ることができる。
4. Stella Vita の室内には小さな台所やシャワーが備えられ、室内全体の面積は 17.5 平方メートルであり、屋根を持ち上げれば高さは 2 倍となる。
5. Stella Vita の走行時に予備のソーラーパネルを使用すると、2、3 日は充電なしで走行することができる。

【No.　7】　次の文の内容と合致するものとして最も妥当なのはどれか。

With a few minor exceptions, there are really only two ways to say "tea" in the world. One is like the English term — *té* in Spanish and *tee* in Afrikaans are two examples. The other is some variation of *cha*, like *chay* in Hindi.

《中　略》

The term *cha*（茶）is "Sinitic," meaning it is common to many varieties of Chinese. It began in China and made its way through central Asia, eventually becoming "chay" in Persian. That is no doubt due to the trade routes of the Silk Road, along which, according to a recent discovery, tea was traded over 2,000 years ago. This form spread beyond Persia, becoming *chay* in Urdu, *shay* in Arabic, and *chay* in Russian, among others. It even made its way to sub-Saharan Africa, where it became *chai* in Swahili. The Japanese and Korean terms for tea are also based on the Chinese *cha*, though those languages likely adopted the word even before its westward spread into Persian.

But that doesn't account for "tea." The Chinese character for tea, 茶, is pronounced differently by different varieties of Chinese, though it is written the same in them all. In today's Mandarin*, it is *chá*. But in the Min Nan variety of Chinese, spoken in the coastal province of Fujian, the character is pronounced *te*. The key word here is "coastal."

出典追記：【No. 6】Solar Power Mobile Home Can Travel 730km on Sunny Day, Engoo Daily News on October 11, 2021

The *te* form used in coastal-Chinese languages spread to Europe via the Dutch, who became the primary traders of tea between Europe and Asia in the 17th century, as explained in the World Atlas of Language Structures. The main Dutch ports in east Asia were in Fujian and Taiwan, both places where people used the *te* pronunciation. The Dutch East India Company's expansive tea importation into Europe gave us the French *thé*, the German *Tee*, and the English *tea*.

　(注)　* Mandarin：標準中国語

1. 茶の飲み方は、大きく分けて 2 種類存在し、一つは英国をはじめとするヨーロッパ式のもの、もう一つは中国をはじめとするアジア式のものである。

2. 日本語や韓国語における茶の発音は、元をたどればアラビア語やロシア語などの影響を大きく受けたものである。

3. 中国における茶の発音は地域によって異なるが、内陸部の茶の原産地では *cha* に近い発音が一般的であったため、標準中国語における茶の発音は *chá* に定められた。

4. 茶の発音として、*cha* ではなく *te* がオランダ人を介してヨーロッパに伝わったのは、オランダの港があった Fujian や Taiwan において *te* の発音が用いられていたためである。

5. 中央アジアでは主に緑茶が飲まれ、ヨーロッパでは主に紅茶が飲まれているため、それぞれの地域で茶の発音が異なる。

【No. 8】 あるクラスの 35 人の生徒の中で、サッカーが好きな生徒は 20 人、水泳が好きな生徒は 15 人、バレーボールが好きな生徒は 12 人であった。また、この 3 種類のスポーツ全てが好きな生徒は 3 人、3 種類中 2 種類のスポーツのみが好きな生徒は 8 人であった。このとき、このクラスには、3 種類中 1 種類のスポーツのみが好きな生徒は何人いたか。

1. 21 人
2. 22 人
3. 23 人
4. 24 人
5. 25 人

【No. 9】 ある寿司屋では、アジ、イカ、ウナギ、エビ、大トロ、カニの 6 種類のネタについて、月曜日から金曜日までの 5 日間、毎日 2 種類か 3 種類を提供できるように、これら 6 種類のネタがそれぞれ 2 日ずつ提供された。次のことが分かっているとき、確実にいえることとして最も妥当なのはどれか。

出典追記：【No. 7】Tea if by sea, cha if by land: Why the world only has two words for tea, Quartz on January 11, 2018 by Nikhil Sonnad

○　アジ、イカ、カニは、3 種類ともそれぞれ 2 日連続して提供された。

○　ウナギ、エビ、大トロは、3 種類ともそれぞれ 1 日間隔を空けて提供された。

○　木曜日と金曜日には、3 種類のネタが提供された。

○　アジは、月曜日に提供された。

○　イカは、アジともウナギとも異なる曜日に提供された。

○　ウナギは、水曜日に提供された。

1.　アジとエビは、同じ曜日に提供された。

2.　イカとカニは、2 日とも同じ曜日に提供された。

3.　ウナギと大トロは、2 日とも同じ曜日に提供された。

4.　エビは、火曜日に提供された。

5.　大トロは、水曜日に提供された。

【No. 10】　図のように、a～d の 4 列、1～5 の 5 行から成る、列間隔、行間隔が共に 2 m で、20 個の座席が配置されている食堂がある。ア～ク の 8 人が、順次、座席に座り、焼肉定食、煮魚定食 のどちらか一方の定食を注文した。

座席に座る際には、各人は座席の間隔を空ける必要があり、ある人が座った座席の前後、左右の座席には他の人は座ることができない。例えば、c 4 （c 列 4 行）の座席に座った人がいる場合は、他の人は b 4、c 3、c 5、d 4 の座席に座ることができない。

いま、次の①～⑤の順番でア～ク の 8 人が定食を注文した結果、焼肉定食を注文した人数と煮魚定食を注文した人数が同じとなった。このとき、確実にいえることとして最も妥当なのはどれか。

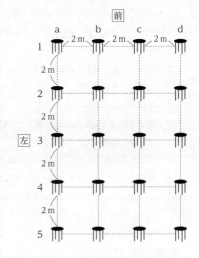

ただし、各座席には 1 人だけが座るものとし、また、座席に座った後に座席を変更したり、退席したりした人はいないものとする。さらに、ア～ク 以外の人はいないものとする。

①　アが食堂に入り、a 1 の座席に座り、焼肉定食を注文した。

②　イとウが食堂に入り、お互いの距離が最も離れた位置にある座席にそれぞれ座り、異なる定食を注文した。

③　エとオが食堂に入り、ウと同じ列の座席で、オよりエが前方となるように座席に座り、共に

ウと同じ定食を注文した。

④ カが食堂に入り、座ることができる座席でイとの距離が最も近い位置にある座席に座り、イと同じ定食を注文した。

⑤ キとクが食堂に入り、お互い異なる列と行の座席で、クよりキが前方となるように座席に座り、同じ定食を注文した。

1. イとキは、異なる定食を注文した。

2. ウは、煮魚定食を注文した。

3. エとクは、同じ行の座席に座った。

4. 4行目の座席に座った人は、誰も煮魚定食を注文しなかった。

5. 誰も座らない列があった。

【No. 11】 A～Fの6人が、チョコレートのつかみ取りを行い、より多くのチョコレートを取った者から順に1位から6位まで順位を付けた。この結果についてア～キの7人が次のように予想していたが、これらが全て外れたことが分かっているとき、確実にいえることとして最も妥当なのはどれか。

ただし、同じ順位の者はいなかったものとする。

ア：1位はEかFだろう。

イ：6位はDかFだろう。

ウ：Aは3位以内に入るだろう。

エ：Bは4位以内に入るだろう。

オ：AはEよりも多くチョコレートを取るだろう。

カ：BはCよりも多くチョコレートを取るだろう。

キ：CはAよりも多くチョコレートを取るだろう。

1. Aは4位であった。

2. Bは5位であった。

3. Dは2位であった。

4. Eは3位であった。

5. Fは2位であった。

【No. 12】 n 進法で表された数 m を $m_{(n)}$ と表すものとする。例えば、$10_{(10)} = 1010_{(2)} = 20_{(5)} = 13_{(7)}$ である。いま、$a_{(10)} = 11101_{(2)}$、$b_{(10)} = 111_{(5)}$、$c_{(10)} = 42_{(7)}$ としたとき、a、b、c の大小関係として正しいのはどれか。

1. $a < b < c$

2. $a < c < b$

3. $b < a < c$

4. $b < c < a$

5. $c < a < b$

【No. 13】　右図を平面上で回転させたものとして最も妥当なのはどれか。

ただし、図形は裏返してはならないものとする。

1.

2.

3.

4.

5.

【No. 14】　図のような展開図を組み立てて正十二面体にしたとき、Aの面と平行になる面はどれか。

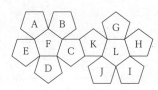

1. C

2. D

3. H

4. I

5. J

【No. 15】 図のように、ゴールのマスの四つ手前の出発点のマスに駒があり、サイコロを一つ振っ
て出た数だけゴールのマスに向かって一マスずつ進むゲームを行う。サイコロを振って出た数だけ
進み、止まったところがちょうどゴールのマスである場合、ゲームは終了し、駒がゴールのマスに
到達しても数が余っている場合、余った分だけ逆向きに戻り、再びサイコロを振ってゴールのマス
に向かって進むものとする。サイコロをちょうど３回振ってゲームが終了する確率はいくらか。

　　ただし、駒が出発点のマスに戻っても進むマスが残っている場合、その分だけゴールのマスに向
かって進むものとする。なお、サイコロは、１ ～ ６の異なる数字が各面に一つずつ書かれた立方
体のことをいう。

1. $\dfrac{25}{216}$

2. $\dfrac{5}{36}$

3. $\dfrac{31}{216}$

4. $\dfrac{17}{108}$

5. $\dfrac{1}{6}$

【No. 16】 三つのエリアA、B、Cから成るショッピングモールがある。エリアA、B、Cの面積
比は８：３：９であり、それぞれのエリアの店舗数の比は２：３：６である。このショッピング
モールにフードコートを新設することが計画されている。

　　このフードコートの新設に際し、次の条件を満たす必要がある場合、ショッピングモール全体に

占めるフードコートの面積の割合として最も妥当なのはどれか。

○　フードコートは、1店舗当たりの面積が最も大きいエリアから、そのエリアの敷地の一部を提供され、その提供された敷地にのみ新設する。

○　三つのエリアのそれぞれの店舗数は、フードコートの新設の前後で変わらない。

○　フードコートの面積はできる限り大きくする。

○　フードコートが新設されたエリアについて、フードコートの面積を除いた1店舗当たりの面積は、他の二つのエリアの1店舗当たりの面積を下回らない。

1.　5 %
2.　10 %
3.　15 %
4.　20 %
5.　25 %

【No. 17】　ある水槽には、大小2本の給水管A、Bと、排水管Cが付いている。これについて、次のことが分かっているとき、満水の水槽をCを使って空にするまでに掛かる時間として最も妥当なのはどれか。

ただし、Aにより給水できる量、Bにより給水できる量、Cにより排水できる量は、水槽の水の量にかかわらず、それぞれ一定である。

○　水槽の水が半分の状態からAによる給水とCによる排水を同時に行うと、6時間で満水になった。

○　水槽が満水の状態からBによる給水とCによる排水を同時に行うと、8時間で空になった。

○　水槽が空の状態からAによる給水で満水になる時間と、水槽の水が半分の状態からBによる給水で満水になる時間は等しかった。

1.　1時間
2.　1時間30分
3.　2時間
4.　2時間30分
5.　3時間

【No. 18】　図のような、縦15 cm、横9 cmの長方形の紙ABCDを、Bが辺CD上の点B′となるように、破線で示される直線AEで折り重ねた。BB′とAEの交点をFとするとき、四角形FECB′の面積はいくらか。

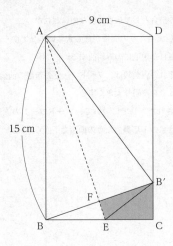

1. $\dfrac{19}{2}$ cm^2

2. $\dfrac{39}{4}$ cm^2

3. 10 cm^2

4. $\dfrac{41}{4}$ cm^2

5. $\dfrac{21}{2}$ cm^2

【No. 19】 図は、我が国における映画（邦画と洋画）の公開本数と入場者数の推移を示したものである。これから確実にいえることとして最も妥当なのはどれか。

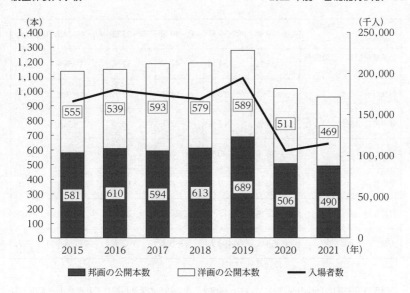

1. 2015～2021 年についてみると、いずれの年においても、邦画の公開本数は洋画の公開本数
   よりも多かった。
2. 2015～2021 年についてみると、邦画の公開本数と洋画の公開本数の差が 80 本以上となった
   年はなかった。
3. 2020 年についてみると、邦画の公開本数の対前年減少率の絶対値は、洋画の公開本数の対前
   年減少率の絶対値より大きかった。
4. 2019 年の洋画の公開本数の対前年比は、120 % 以上であった。
5. 2016～2021 年についてみると、入場者数が前年より増加した全ての年において、邦画と洋
   画を合計した公開本数も前年より増加した。

【No. 20】　表は、健康な食習慣の妨げとなる事情について調査した結果であり、その事情ごとの人
数の割合と、調査対象の人数を年齢階級別に示したものである。これから確実にいえることとして
最も妥当なのはどれか。

　　ただし、複数回答のため、人数の割合の合計は 100 % とはならない。

事　情 ＼ 年齢階級	20〜29歳	30〜39歳	40〜49歳	50〜59歳	60〜69歳	70歳以上
仕事等が忙しく、時間がないこと	35 %	51 %	47 %	37 %	19 %	5 %
外食が多いこと	13 %	8 %	8 %	7 %	3 %	1 %
経済的に余裕がないこと	9 %	12 %	12 %	8 %	8 %	5 %
面倒くさいこと	36 %	40 %	30 %	26 %	21 %	16 %
その他	10 %	9 %	8 %	13 %	11 %	12 %
特にない	23 %	15 %	20 %	28 %	44 %	63 %
人数	353人	453人	750人	762人	927人	1,220人

1. 「50〜59歳」と「60〜69歳」について、事情を人数の割合の大きい順にそれぞれ1〜6位とした場合、同じ順位になる事情は四つである。
2. 「30〜39歳」で、「仕事等が忙しく、時間がないこと」又は「面倒くさいこと」のいずれにも該当しない人数の割合は、11 % 未満である。
3. 「70歳以上」で、「面倒くさいこと」と答えた人数は、「20〜29歳」で「面倒くさいこと」と答えた人数の2倍以上である。
4. 「経済的に余裕がないこと」と答えた人数が最も多い年齢階級は、「40〜49歳」である。
5. 「外食が多いこと」と答えた人数は、どの年齢階級でも30人未満である。

【No. 21】　xy平面上の2次関数 $y = -x^2 + ax + b$ のグラフが、$x = 2$ のとき最大値 $y = 3$ をとるとする。次のうち、このグラフが通る点として正しいのはどれか。

1. $(-2, -12)$
2. $(-1, -6)$
3. $(0, 0)$
4. $(1, 1)$
5. $(3, 1)$

【No. 22】　次は、波に関する記述であるが、A～Dに当てはまるものの組合せとして最も妥当なのはどれか。

　波は媒質の端や異なる媒質との境界で、向きを変えて戻ってくる。このことを反射という。端や境界に向かって進む波を入射波、そこから戻ってくる波を反射波という。入射波が連続的な正弦波の場合、反射波も正弦波となり、入射波と反射波が重なると定常波（定在波）ができる。波の反射の仕方は、反射が起こる端の媒質の性質によって異なり、この性質により自由端反射と固定端反射に分けられる。このうち、自由端反射の場合の定常波を表す図は　A　である。

　いま、速さが 20 m/s、振動数が 5 Hz の正弦波が自由端に入射し、反射波と重なり定常波となった。この場合、波長は　B　m であり、自由端は定常波の　C　となるので、自由端から数えて 3 番目の定常波の節は、自由端から　D　m となる。

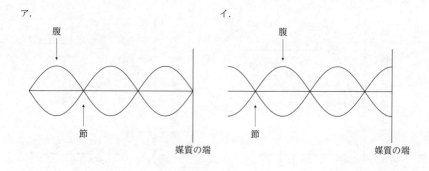

ア.　　　　　　　　　　　　　　　　　　　　イ.

	A	B	C	D
1.	ア	4	腹	4
2.	ア	8	腹	4
3.	ア	8	節	5
4.	イ	4	腹	5
5.	イ	8	節	6

【No. 23】　酸化還元反応に関する記述として最も妥当なのはどれか。

1. 酸化還元反応は、水素や酸素の授受により定義することができ、物質が水素や酸素と結び付いたときは酸化されたといい、逆に、物質が水素や酸素を失ったときは還元されたという。

2. 酸化還元反応において、相手の物質を還元し自らが酸化する物質を酸化剤といい、逆に、相手の物質を酸化し自らが還元する物質を還元剤という。酸化剤の例として、硫化水素が挙げられる。

3. 酸化還元反応を利用して、化学エネルギーを電気エネルギーに変換する装置を電池という。電子が流れ出して表面で酸化反応が起こる電極を正極といい、鉛蓄電池では正極に亜鉛を用いる。

4. 単体の金属の原子が水溶液中で電子を放出して陽イオンになろうとする性質を、金属のイオン

化傾向という。金、鉄、銅をイオン化傾向の大きい順に並べると、鉄、銅、金となる。

5. 金属の中には水と反応し、水酸化物を生じて水素を発生するものがある。例えば、スズは常温
　　の水と反応し、アルミニウムは熱水と反応し、白金（プラチナ）は高温の水蒸気と反応する。

【No. 24】　アカマツなどの陽生植物とベニシダなどの陰生植物では、適応する環境が異なる。

　　二酸化炭素濃度と温度を一定にしたとき、陽生植物と陰生植物のそれぞれについて、光の強さ
（横軸）と二酸化炭素の吸収速度（縦軸）の関係を表した図として最も妥当なのはどれか。

　　ただし、図の横軸の左端は暗黒状態（光の強さ＝０）を表し、また、陽生植物と陰生植物の呼吸
速度はそれぞれ一定であるものとする。

1.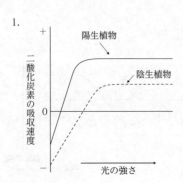

2.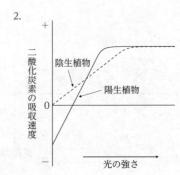

3.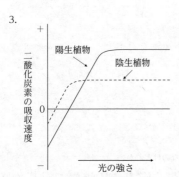

4.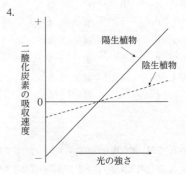

5.

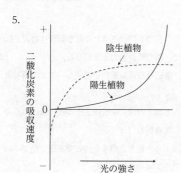

【No. 25】　地球の構造等に関する記述として最も妥当なのはどれか。

1. 火成岩は火山岩と深成岩に分けられ、火山岩は、マグマがゆっくり冷えてできるため、結晶化した鉱物の粒径が数 cm と大きく、粗粒で粒径の揃った集合体である等粒状組織となる。

2. 地球の内核と外核の境界はモホロビチッチ不連続面と呼ばれ、この不連続面より浅い外核は固体の層、不連続面より深い内核は液体の層から成ると考えられている。

3. ハワイ島のように、内核の深部からプルームが上昇してマグマが発生し、火山活動が起きている場所をトランスフォーム断層という。

4. 地球の表面は、200 枚ほどのプレートが隙間なく敷き詰められて覆われており、東アジア付近ではユーラシアプレートやナスカプレートなど 50 枚ほどのプレートが互いに接している。

5. 地下からマグマが大量に噴出すると、マグマだまりに空隙ができ、その上が陥没してカルデラと呼ばれる凹地ができることがある。

【No. 26】　17 世紀以降のヨーロッパに関する記述として最も妥当なのはどれか。

1. イギリスでは、クロムウェルにより権利の章典が定められると、イングランド王国が成立した。その後、エリザベス 1 世の治世下でデンマークを征服すると、連合王国となった。

2. フランスでは、ナポレオン 3 世が第二帝政を樹立すると、人権宣言が発せられ、革命暦やメートル法などが定められた。第二帝政は、フランスにおいて第二次世界大戦前まで続いた。

3. ドイツでは、中世以来、神聖ローマ帝国の支配が続いていたが、三月革命によりこれが滅びると、神聖ローマ帝国の支配領域を引き継ぐ形で、19 世紀後半、ドイツ帝国が成立した。

4. イタリアは、中世以来、小国に分かれていたが、オーストリアとの戦争やガリバルディによる両シチリア王国の征服などを経て、19 世紀後半、イタリア王国が成立した。

5. オランダとベルギーは、いずれもポルトガルに支配されていたが、二月革命が起こると、両国は同時に独立した。この影響を受け、ポーランドやギリシアも独立した。

【No. 27】　清に関する記述として最も妥当なのはどれか。

1. 清は、チベット人であるヌルハチが建てた国であり、台湾を降伏させたことを契機に勢力を拡大し、東北地方で起こった安史の乱を鎮圧したことで、明の残存勢力を平定した。

2. 乾隆帝は、南下政策を採るロシアと、ネルチンスク条約及び南京条約を締結し、タイの領有権を手に入れ、清の領土を拡大した。

3. 清は、科挙を盛んに行い、中央政府の要職に満州人と漢人の両方を配置するなど、漢人に協力を求めた一方で、辮髪の強制や文字の獄などによる思想統制も行った。

4. 林則徐は、ヨーロッパとの貿易港を広州の一港に限定し、他を廃港することを主張したが、自由貿易を推進する英国がそれを認めなかったため、アヘン戦争を起こした。

5. アロー戦争後の社会不安の中、イスラームに接した洪秀全は、自ら洪武帝と名乗り、上帝会を組織して太平天国という新国家の樹立を目指したが、清に敗北した。

【No. 28】　江戸幕府の政策に関する記述として最も妥当なのはどれか。

1. 徳川家光は、徳川家康が制定した武家諸法度と参勤交代の制度を撤廃し、諸大名への負担の軽減を図った一方、禁中並公家諸法度を制定し、天皇が公家を統制する体制を作った。

2. 徳川吉宗は、寛政の改革を行い、目安箱を設けて庶民の意見を幕政に反映させるなど庶民の生活を重視した結果、江戸に元禄文化と呼ばれる町人文化を生み出した。

3. 老中の田沼意次は、享保の改革を行い、水害防止や新田開発のための印旛沼の開拓に成功して農民の生活を向上させたが、商業を軽視したため、商人たちの不満を招き、失脚した。

4. 老中の松平定信は、諸大名に米を上納させる上げ米の制など米を中心にした政策を講じたほか、株仲間を解散させ、物価の引下げを狙ったが、流通の混乱を招いた。

5. 老中の水野忠邦は、厳しい倹約令や江戸に流入した農民を帰村させる人返し令を出したほか、江戸・大坂周辺を幕府の直轄地にする上知令を出したが、大名らの強い反対に遭い、失脚した。

【No. 29】　温帯と冷帯(亜寒帯)に関する記述として最も妥当なのはどれか。なお、気候区はケッペンの気候区分による。

1. 地中海性気候(Cs)は温帯の気候区に属し、夏は涼しく、冬は同緯度の他の地域と比較して温暖という特徴がある。牧畜と結び付いた混合農業や酪農が発達している。

2. 温暖湿潤気候(Cfa)は温帯の気候区に属し、年間を通して降水がみられ、夏は高温・湿潤で冬は寒冷という特徴がある。東アジアの稲作地帯などにみられる。

3. 西岸海洋性気候(Cfb)は温帯の気候区に属し、夏にモンスーンによる雨が多く、熱帯と同様に蒸し暑いが、冬は乾燥しているという特徴がある。綿花やサトウキビなどの栽培が盛んである。

4. 冷帯湿潤気候(Df)は冷帯の気候区に属し、気温の年較差が少なく、年間を通して降水がみられるという特徴がある。地下に永久凍土がみられ、ツンドラと呼ばれる落葉広葉樹林が広がって

いる。

5. 冷帯冬季少雨気候(Dw)は冷帯の気候区に属し、夏は日照時間が短く気温が低いが、冬は高気圧が発生し、気温が上がりやすく降水量が少ないという特徴がある。パンパなど南半球で主にみられる。

【No. 30】　移民や難民などに関する記述として最も妥当なのはどれか。

1. 世界各地から移民が集まり多民族国家として発展した米国において、様々な民族が互いの文化を尊重しながら生活している状況は、「サラダボウル」に例えられている。

2. 経済的な理由で、出稼ぎ労働者として国外に移動する人々がいる。メキシコ等中南米諸国から中国、インドへ出稼ぎに出る人々は、それぞれ華僑、印僑と呼ばれる。

3. オーストラリアは、世界各国から移民が集まっていたが、景気低迷等を受けて、近年、アパルトヘイトと呼ばれる人種隔離政策と、白人以外の移住を制限する白豪主義政策を採るようになった。

4. 我が国では、2010 年代に入り日系外国人の就労・在留が認められ、入国者が急増した。自動車関連工場などでの雇用がある地域では、多くのアフリカ出身の日系人が働いている。

5. 2010 年代半ば、シリア紛争によるイスラーム教徒の難民の増加に伴い、難民条約が制定されたことを受け、難民保護のために国連教育科学文化機関(UNESCO)が設立された。

【No. 31】　次のA～Eのことわざのうち、その意味が妥当なもののみを挙げているのはどれか。

　A：雨後の筍 ……………………… 同じような物事が続々と現れ出ること。
　B：瓜のつるに茄子はならぬ ………… それが事実であることを裏付ける根拠が何もないこと。
　C：火中の栗を拾う …………………… 危険を冒さなければ功名は立てられないこと。
　D：井の中の蛙大海を知らず ………… 見識が狭く、もっと広い世界があることを知らないこと。
　E：出藍の誉れ ………………………… 親の威光が子どもに及ぶこと。

1. A、B
2. A、D
3. B、C
4. C、E
5. D、E

【No. 32】　次の下線部について漢字の使い方が最も妥当なのはどれか。

1. 動物には消化器官が備わっている。

2.　彼らは初対面で意気<u>統合</u>した。

3.　ごみを不法に<u>投機</u>してはいけない。

4.　彼女は友人の<u>安非</u>を気遣っている。

5.　深い<u>因念</u>が感じられる。

【No. 33】　次の英文の（　　　）に入る単語を、ア～エの（　　　）に入れると意味の通る英文となる
ものの組合せとして最も妥当なのはどれか。

She is putting a lot of posters （　　　） the walls of her room.

　ア．My niece was born （　　　） the morning of June 25th.

　イ．There was a full moon （　　　） the forest.

　ウ．The doctor will get home （　　　） half an hour.

　エ．I got （　　　） the plane to London.

1.　ア、イ

2.　ア、ウ

3.　ア、エ

4.　イ、ウ

5.　イ、エ

【No. 34】　英文に対する和訳が最も妥当なのはどれか。

1.　He took it for granted that his son would be successful.
　　彼は自分の息子が成功することを心から願っていた。

2.　Please keep in mind what we have told you.
　　私たちの言ったとおりに心身を鍛えておきなさい。

3.　As far as I know, she has no sisters.
　　私の知る限り、彼女に姉妹はいない。

4.　As we waited for the rescue team, we ran out of our food supply.
　　救助隊を待っていたとき、私たちは食料を求めて走り回っていた。

5.　She showed off her ring at the dinner.
　　彼女は夕食の開始のベルを鳴らした。

【No. 35】　我が国の地方自治に関する記述 A～D のうち、妥当なもののみを挙げているのはどれか。

A：地方公共団体の住民には、条例の制定・改廃の請求や、地方公共団体の長や議会の議員などの解職請求などの直接請求権が与えられている。

B：住民自治の制度として、地方公共団体の長や議会の議員の公選制や、特定の地方公共団体のみに適用される特別法に関する住民投票などが定められている。

C：財政基盤強化のために進められた「三位一体の改革」において、国庫支出金の増額が行われ、これにより地方公共団体が自由に使途を決めることのできる自主財源が増加した。

D：近年、多くの地方公共団体で住民投票条例が制定されている。同条例による住民投票の実施には地方公共団体の長の承認を得なければならず、投票の結果には法的拘束力が生じる。

1. A、B
2. A、C
3. B、C
4. B、D
5. C、D

【No. 36】　国会や国会議員に関する記述として最も妥当なのはどれか。

1. 国会には、定期的に開かれる通常国会のほか、衆議院の解散による衆議院議員の総選挙後、新たに内閣総理大臣を選出する臨時国会や、必要に応じて開かれる特別国会がある。

2. 国会の議決は、原則として両議院の議決が一致したときに成立するが、両議院一致の議決をみることができない場合、一定の条件の下に、参議院の単独の議決をもって国会の議決としている。

3. 国会は、議会制民主主義の中心的役割を果たす重要な地位を与えられている。また、国会が憲法改正を発議するには、各議院の総議員の 3 分の 2 以上の賛成が必要である。

4. 毎年、定期的に開かれる通常国会は、毎年 4 月に召集され、予算の審議などを行う。会期は 100 日間となっている。

5. 国会議員には不逮捕特権が認められており、法律の定める場合を除き、国会の会期中か否かにかかわらず、国会議員が逮捕されることはない。

【No. 37】　国際経済に関する記述として最も妥当なのはどれか。

1. リカードは、各国が国内の他の財に比べて相対的に安く生産できる財の生産に特化してそれを貿易し合う方が、資源や労働力などを有効に活用することができるとする比較生産費説を説いた。

2. 19 世紀初頭、遅れて産業革命に着手した英国など当時の発展途上国では、国際競争力の強い米国の工業製品に対抗するために、保護貿易政策が採られていた。

3. 20 世紀初頭の英国は、「世界の工場」と呼ばれ、ドイツに次ぐ工業国として、工業製品を輸出

し相手国からは食料や原料を輸入するという、水平的国際分業を推進していた。

4. ヘッジファンドが、少額の投機的資金を国境を越えて移動させることによって、フィリピンの
通貨バーツの暴落を原因としたアジア通貨危機のような、国際経済の混乱を招くことがある。

5. グローバル化の進展に伴い、各国の財務当局が独自に発行する仮想通貨(暗号資産)が大量に創
出され、世界的な金融の安定化が図られている。

【No. 38】　物価に関する記述として最も妥当なのはどれか。

1. 物価水準を表す指標である物価指数のうち、消費者が企業から購入する財・サービスを対象と
するものを企業物価指数という。

2. 物価が持続的に上昇する現象をインフレーションといい、需要が供給を上回る場合のほか、原
材料費や人件費が上昇する場合にも発生する。

3. 物価が持続的に下落する現象をデフレーションといい、それが発生すると、住宅ローンなど資
金を借りている人にとっては返済の実質的負担が軽くなる。

4. 物価の持続的な下落が企業の倒産や失業者の増加につながり、それが更なる物価の下落を招く
ような悪循環をもたらして景気停滞が長期間続く現象をスタグフレーションという。

5. 景気回復のため、中央銀行が全体の通貨量(マネーストック)を増やした結果、物価が上昇し、
短期間で急激に景気停滞から脱する現象をデフレスパイラルという。

【No. 39】　消費者問題と消費者保護に関する記述として最も妥当なのはどれか。

1. アカウンタビリティとは、返済不能な借金を抱えた債務者が、裁判所に破産を申し出る権利で
あり、多重債務を解消するために行使することができる。

2. クーリング・オフ制度は、未成年の消費者保護のために設けられた制度で、未成年者は期限を
限定せず無条件に契約を解除できることが一つの特徴となっている。

3. 製造物責任法(PL法)は、製品の欠陥による被害に対し、製造者に過失があった場合に限り、
製造者に製品の取替えを請求できる制度を定めており、消費者庁設置と同時に新設された。

4. 近年、消費者の立場から環境にやさしい製品のアイディアを企業に提案する者を、消費生活セ
ンターが、グリーン・コンシューマーとして認定する制度が新設された。

5. 消費者保護の代表的な考え方に「消費者の四つの権利」があり、これは、安全を求める権利、知
らされる権利、選ぶ権利、意見が反映される権利から成る。

【No. 40】　我が国の思想に関する記述として最も妥当なのはどれか。

1. 古代の日本人は、万物には精霊が宿ると考え、それらを創造した唯一絶対の創造神として、天
照大神を信仰した。このような唯一神への信仰を、アニミズムと呼ぶ。

2. 鎮護国家とは、神道の力で国家の平和を守ろうとする思想であり、邪馬台国の女王である卑弥呼は、この思想に基づき、全国に蛮社と呼ばれる神社を建てた。

3. 末法思想とは、孔子の死後一定の期間の経過により、儒教の教えが廃れるという思想であり、室町時代に急速に広まった。これに伴って、極楽浄土への往生を願う浄土信仰が発展した。

4. 本居宣長は、しみじみとした感情の動きを「もののあはれ」と呼び、それが文芸の本質であるとした。また、『源氏物語』の研究を行った。

5. 柳田国男は、神とは外の世界からやってくるものと考え、これを客人を意味する「まれびと」と呼んだ。さらに、伝統文化を研究して『遠野物語』を著し、国学を大成した。

■■■■■学科試験■■■■■

（2 時間）

1. この問題集は数学・英語・物理の問題からなっています。あなたの受ける試験の区分に応じた学科の問題を解答してください。

試験の区分	解答する学科（問題番号）			解答時間
	数　学	英　語	物　理	
航空情報科	No. 1～No.13	No.14～No.26		2 時間
航空電子科	No. 1～No.13		No.27～No.39	2 時間

2. この問題集で単位の明示されていない量については、全て国際単位系(SI)を用いることとします。

数　　学

【No.　**1**】　$x = \dfrac{5 - \sqrt{21}}{2}$ であるとき、$x + \dfrac{1}{x}$ と $x^4 + \dfrac{1}{x^4}$ の値の組合せとして正しいのはどれか。

$$\begin{array}{ccc} & x + \dfrac{1}{x} & x^4 + \dfrac{1}{x^4} \end{array}$$

1.　$\sqrt{21}$　　$115\sqrt{21}$

2.　$\sqrt{21}$　　527

3.　5　　$115\sqrt{21}$

4.　5　　527

5.　5　　625

【No.　**2**】　図のようなグラフをもつ 2 次関数 $y = ax^2 + bx + c$ について、$a,\ b,\ c$ の符号の組合せとして正しいのはどれか。

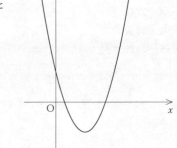

	a	b	c
1.	正	正	正
2.	正	負	正
3.	正	負	負
4.	負	正	正
5.	負	正	負

【No.　**3**】　各辺の長さが AB $= 1$，BC $= \sqrt{7}$，CA $= 2$ である △ABC の面積はいくらか。

1.　$\dfrac{1}{2}$

2.　$\dfrac{\sqrt{2}}{2}$

3.　$\dfrac{\sqrt{3}}{2}$

4. 1

5. $\sqrt{3}$

【No. 4】 6個の数字 0，1，2，3，4，5 から異なる三つの数字を用いて 3 桁の整数をつくるとき、偶数は全部でいくつあるか。

1. 52個

2. 60個

3. 100個

4. 112個

5. 120個

【No. 5】 222^2 の約数は全部でいくつあるか。

1. 8個

2. 16個

3. 27個

4. 36個

5. 64個

【No. 6】 次の㋐、㋑、㋒のうち、4 点 A，B，C，D が同一円周上にあるもののみを全て挙げているのはどれか。

㋐

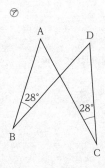

㋑

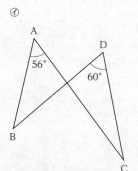

㋒

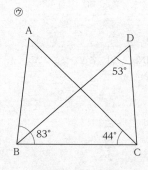

1. ㋐
2. ㋐、㋑
3. ㋐、㋒
4. ㋑、㋒
5. ㋒

【No.　7】 $xy=2$ のとき、$\dfrac{1}{x+2}+\dfrac{1}{2y+2}$ の値はいくらか。

1. $\dfrac{1}{4}$
2. $\dfrac{1}{2}$
3. 1
4. 2
5. 4

【No.　8】 xy 平面上の二つの円 $x^2+y^2=16$ と $(x-8)^2+(y-6)^2=r^2$ が、相異なる二つの交点をもつような正の定数 r の範囲として正しいのはどれか。

1. $r>4$
2. $r>6$
3. $r>14$
4. $4<r<10$
5. $6<r<14$

【No.　9】 関数 $y-\cos^2\theta-\dfrac{3}{2}\sin\theta$ $(0\leqq\theta<2\pi)$ の最大値と最小値の組合せとして正しいのはどれか。

	最大値	最小値
1.	1	$-\dfrac{3}{2}$
2.	1	0
3.	$\dfrac{3}{2}$	$-\dfrac{3}{2}$

4.　$\dfrac{25}{16}$　　　$-\dfrac{3}{2}$

5.　$\dfrac{25}{16}$　　　0

【No. 10】　不等式 $4^x - 7 \cdot 2^x - 8 < 0$ の解として正しいのはどれか。

1.　$-1 < x < 8$

2.　$0 < x < 8$

3.　$0 < x < 3$

4.　$x < 3$

5.　$x < 8$

【No. 11】　曲線 $y = x^3 + 4x^2$ と x 軸で囲まれた図形の面積はいくらか。

1.　$\dfrac{64}{3}$

2.　22

3.　$\dfrac{68}{3}$

4.　$\dfrac{70}{3}$

5.　24

【No. 12】　1 から 200 までの自然数のうち、3 で割り切れない数の和はいくらか。

1.　13455

2.　13458

3.　13461

4.　13464

5.　13467

【No.　**13**】　座標空間内の 3 点 A$(0, -1, 1)$, B$(2, 0, 0)$, C$(4, t, -1)$ が一直線上にあるとき、t の値はいくらか。

1.　0
2.　1
3.　2
4.　3
5.　4

英　　語

航空情報科の受験者は No. **14**～No. **26** を解答してください。
解答は、問題番号に該当する答案用紙の番号欄に記入してください。
航空電子科の受験者は**解答する必要はありません。**

【No. **14**】 次の㋐～㋓のうち、第一アクセント（第一強勢）の位置が妥当なもののみを挙げているのはどれか。

㋐ púrsue
㋑ embárrass
㋒ hésitate
㋓ substítute

1. ㋐、㋑
2. ㋐、㋒
3. ㋑、㋒
4. ㋑、㋓
5. ㋒、㋓

【No. **15**】 次の㋐～㋓のうち、下線部の単語を各行右側の（　　）内の単語に置き換えた場合においても、ほぼ同じ意味の文になるもののみを挙げているのはどれか。

㋐ The bad weather <u>influenced</u> the growth of the tree. (affected)
㋑ I waited in line for three hours and finally <u>obtained</u> a ticket for the concert. (gained)
㋒ He often <u>overlooks</u> his mistakes. (finds)
㋓ She will <u>exhibit</u> some of her paintings in the gallery. (purchase)

1. ㋐、㋑
2. ㋐、㋒
3. ㋐、㋓
4. ㋑、㋓
5. ㋒、㋓

【No. **16**】 次のA、B、Cの(　　)内の㋐、㋑のうち、より適切なものを選び出したものの組合せとして最も妥当なのはどれか。

A．However (㋐ hard　㋑ hardly) I tried, I couldn't persuade him.

B．The doctor told him to rest in bed. (㋐ Although　㋑ Nevertheless), he went running.

C．This ship is (㋐ almost　㋑ mostly) made of wood.

	A	B	C
1.	㋐	㋐	㋑
2.	㋐	㋑	㋑
3.	㋑	㋐	㋐
4.	㋑	㋑	㋐
5.	㋑	㋑	㋑

【No. **17**】 次のA、B、Cの(　　)内の㋐、㋑のうち、より適切なものを選び出したものの組合せとして最も妥当なのはどれか。

A．I (㋐ had　㋑ have) been waiting for about two hours when the bus arrived.

B．Nobody knows if she (㋐ comes　㋑ will come) back next winter.

C．When it began to snow, the children (㋐ have played　㋑ were playing) outside.

	A	B	C
1.	㋐	㋐	㋑
2.	㋐	㋑	㋐
3.	㋐	㋑	㋑
4.	㋑	㋐	㋐
5.	㋑	㋑	㋐

【No. **18**】 次のA、B、Cの(　　)内の㋐、㋑のうち、より適切なものを選び出したものの組合せとして最も妥当なのはどれか。

A．She (㋐ married　㋑ married to) her colleague.

B．He seriously considered (㋐ applying　㋑ to apply) for this job.

C．This bag is too expensive. I can't afford (㋐ buying　㋑ to buy) it.

	A	B	C
1.	㋐	㋐	㋑
2.	㋐	㋑	㋐
3.	㋑	㋐	㋐
4.	㋑	㋐	㋑
5.	㋑	㋑	㋑

【No.　**19**】　次のA、B、Cの説明に従ってとったポーズとして適切なものを、それぞれの㋐、㋑から選び出したものの組合せとして最も妥当なのはどれか。

A：Balance on one foot, while holding the other foot above the knee (but never on the knee) at a right angle. Hold the palms and fingers of both hands together. Try to focus on one spot in front of you.

㋐

㋑

B：Get on all fours, then tuck your toes under and bring your sitting bones up, so that you make a triangle shape. Keep a slight bend in your knees, while lengthening your spine and tailbone.

㋐

㋑

C：Lie down with your limbs gently stretched out, away from the body, with your palms facing up.

㋐

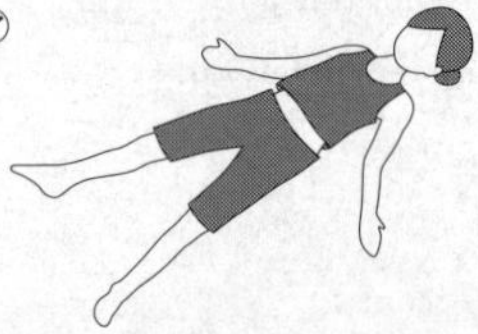

㋑

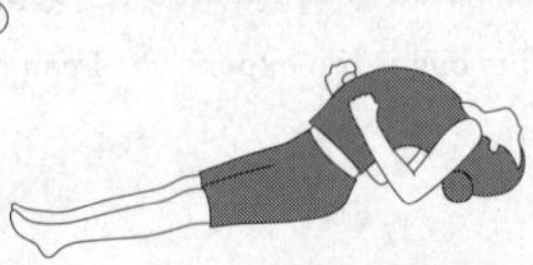

	A	B	C
1.	⑦	⑦	④
2.	⑦	④	⑦
3.	⑦	④	④
4.	④	⑦	⑦
5.	④	④	⑦

【No. 20】　次の文の内容に合致するものとして最も妥当なのはどれか。

著作権の都合上，省略。

A Kid's Best Friend, Time for Kids on July 7, 2021 by Shay Maunz

* sibling: a brother or sister

1. オレゴン州立大学の調査によると、8 ～ 17 歳の子どもがいる家庭のおよそ 30 % で、イヌが飼われていることが分かった。

2. 子どもとイヌを同じ広い部屋に入れると、子どもは広いスペースをよく歩き回る一方、イヌは

座り込んだ。

3. Udell 氏によると、イヌと遊んだり、大人と一緒にイヌを世話したりすることによって、子どもはイヌを兄弟姉妹のように親近感のある存在であると感じるようになるという。

4. イヌが子どもの行動をまねることは、人間とイヌの絆を深める助けとなる可能性があることが研究で示されている。

5. Udell 氏らの研究により、人間とイヌとの間にみられる関係と同様の関係が、人間とネコなどの他の動物との間でもみられることが分かった。

【No. 21】　次の文の内容に合致するものとして最も妥当なのはどれか。

　　Coronavirus measures meant that the Tokyo Olympics and Paralympics were held in 2021 without spectators in most venues. But there were some exceptions — and they included about 20,000 schoolchildren who were able to witness the spectacle in person.

　　Students from an elementary school in Tokyo were among the lucky ones. About 220 attended the Paralympic badminton competition, where they were captivated by performances from athletes with artificial limbs[*1] and in wheelchairs. One girl said she was impressed by the power of a badminton smash from an athlete with a prosthetic leg[*2]. Another student said he was inspired to volunteer at an Olympics and Paralympics when he grows up.

　　As Tokyo prepared for the Games, schools across Japan included the event in the curriculum. The aim was to consider how the events promote global understanding. Students studied the cultures of countries and regions that were being represented. Some schools invited athletes to share their stories and talk about the hardships they were able to overcome.

　　A sixth-grade teacher in the elementary school led the Paralympic learning program at his school. That included a para table tennis demonstration. Students were also able to take part in a wheelchair rugby game.

　　He said the interaction with disabled athletes was a learning experience. "I wanted students to know that there are many different people in our society who are working as hard as they are. I hope each and every student will aspire to living in an inclusive society."

　　His students said that as the Games drew to a close, they had developed a better understanding about eliminating discrimination. One student noted that people with disabilities do not want to be viewed with pity. Another said she wanted to play a role in eradicating gender and racial discrimination.

　　Their teacher said that despite the difficulties organizers faced, holding the Olympics and Paralympics in Tokyo "was very valuable". One of the event's legacies could well be the enlightened attitudes of the schoolchildren who were able to watch, learn and listen.

　*1 artificial limb: 義肢

　*2 prosthetic leg: 義足

1. 東京オリンピック・パラリンピックのほとんどの会場は無観客であったが、選ばれた 2 万人の児童たちは、バドミントンのアスリートから義肢や車椅子の使い方を教えてもらった。
2. 全国の学校で東京オリンピック・パラリンピックに関するカリキュラムが組まれ、児童たちは「困難を乗り越えること」をテーマに作文を書いた。
3. ある小学校の 6 年生は、東京オリンピック・パラリンピックに参加した国や地域の文化を学んだ後、卓球とラグビーの試合にボランティアとして参加した。
4. 障害者アスリートとの交流がきっかけとなり、児童たちはインクルーシブな社会を実現するため、差別撤廃を訴える運動を始めた。
5. 児童たちが差別をなくすことへの理解を深めており、彼らの教師は、東京でオリンピック・パラリンピックが開催されたことは非常に価値があると述べた。

【No. **22**】　次の文の内容に合致するものとして最も妥当なのはどれか。

　　UNESCO, which stands for the United Nations Educational, Scientific and Cultural Organization, has stripped Liverpool of its World Heritage status. The English city, which played a vital role in the expansion of the British Empire long before The Beatles enjoyed global dominance, is only the third site to be removed from the list. The decision sheds light on a challenge facing many governments: how to ensure development coexists with the need to preserve heritage.

　　Liverpool was awarded World Heritage status in 2004. UNESCO said the city "was a pioneer in the development of modern dock technology, transport systems and port management, and building construction."

　　But just eight years later, the agency designated Liverpool's World Heritage status as "in danger". Liverpool Waters — a 60-hectare development proposal in the north docks — became a major sticking point. In response, the local council approved a scaled-back version.

　　In February 2021, the city council approved a project to build a new stadium for a professional football club in the same area. For UNESCO, it was most likely the straw that broke the camel's back. The decision to delist Liverpool came just a few months later in July.

《中　略》

　　World Heritage status is certainly prestigious, but Professor Michael Parkinson, an expert on urban policy and a member of the Liverpool World Heritage Site Task Force, says there are lessons to be learned from Liverpool's case. "Think carefully before you apply... I

出典追記：【No. 21】 Lessons on inclusivity from the Tokyo Olympics and Paralympics, NHK World-Japan don't know what real advantages it brings you. There are certain kinds of costs, and other cities must make up their minds."

Meanwhile, Stonehenge in south England could also lose its World Heritage status due to a proposal to build a tunnel nearby. Other countries will be watching to see what the British government decides to do — if anything.

1. The Beatles が世界中で活躍したことによって、彼らの出身地であるリバプールは英国の人気の拡大に重要な役割を果たした。
2. リバプールは、ユネスコにより世界遺産に登録されたわずか 8 年後に、世界遺産の登録から抹消されることになった。
3. ユネスコからの警告にもかかわらず、リバプールの港湾地区の開発は見直されることなく、当初の計画どおり継続して行われた。
4. Parkinson 教授は、世界遺産として登録されるためには、どの程度の費用をユネスコに支払わなければならないのか分からないため、世界遺産の申請には慎重な検討が必要であると主張している。
5. 英国南部のストーンヘンジは、その周辺にトンネルを建設する計画があるため、世界遺産の登録から抹消される可能性がある。

【No. **23**】　次の文の内容に合致するものとして最も妥当なのはどれか。

Many people believe that scientific research involves the use of systematic methods, the gathering of empirical[*1] evidence, the analysis of data and the development of theoretical explanations for that data. Over time, the sciences can then build a significant body of reliable knowledge. If we accept this characterization, then sociology is a science, as it does involve systematic methods of empirical investigation, the analysis of data and the assessment of theories in the light of evidence and logical argument.

《中　略》

Human beings do not merely act on instinct or through some biological imperative[*2] but interact with each other in meaningful ways. This means that, in order to describe and explain social life, sociologists need to find ways of understanding *why* people act in the ways that they do. People generally behave according to intentions, and sociologists will often reconstruct the meanings individuals attached to their own actions. To grasp the behaviour[*3] of frogs involves no such reconstruction of complex mental reasoning. The meaningful nature of human action is both an advantage and a problem. Sociologists cannot simply adopt the methods of successful natural sciences such as biology or chemistry but must devise their own methods that are adequate for their specific subject matter — human

出典追記：【No. 22】Liverpool a cautionary tale after losing World Heritage status, NHK World-Japan beings and social life. One important advantage is that sociologists can speak directly with their research participants and understand the responses they get. This opportunity to converse with the participants of research studies and to confirm one's interpretations means that sociological findings are, at least potentially, even more reliable (different researchers would arrive at the same results) and valid (the research actually measures what it is supposed to) than those from the natural sciences.

*1 empirical: based on experiments or experience rather than ideas or theories

*2 imperative: very important and needing immediate attention or action

*3 behaviour = behavior

1.　社会学は、体系だった方法論やデータの分析という点では科学的といえるが、論理的な議論があまり重視されてこなかった点で科学的といい難い。

2.　社会学が自然科学と同様に科学的であるためには、動機など人間の行為に付された意味を、調査において極力排除しなければならない。

3.　社会学は、生物学や化学といった自然科学におけるこれまでの研究方法をそのまま適用することで、成功を収めてきた。

4.　人間を研究対象とする場合には、研究対象と直接話ができ、その反応を理解できるという利点がある。

5.　社会学における聞き取り調査の問題点は、自然科学と比較して、信頼性と妥当性が劣るとされている点である。

【No. 24】　次の語群の㋐〜㋖の単語を並べ替えて（　　　）内を補い、和文に対応する英文を作るとき、㋐〜㋖のうちで（　　　）内の 1 番目と 4 番目に来るものの組合せとして最も妥当なのはどれか。

　　和文：彼は娘のしたいようにさせるつもりだ。

　　英文：He is going to（　　　　　　　　　　　）.

　　語群：㋐ as　㋑ daughter　㋒ do　㋓ his　㋔ let　㋕ likes　㋖ she

	1 番目	4 番目
1.	㋒	㋔
2.	㋒	㋕
3.	㋔	㋐
4.	㋔	㋒
5.	㋕	㋔

【No. 25】 次の㋐～㋕は、二人が交互に行った発言を並べ替えたものである。㋐～㋕の文を会話として意味が通るように並べたとき、2番目と5番目に来るものの組合せとして最も妥当なのはどれか。

㋐ Alright, see you at the entrance then.

㋑ Yes, that's right. How about meeting in five minutes?

㋒ Have you eaten yet?

㋓ Shall we go to that Italian restaurant?

㋔ No, I was just thinking about going somewhere.

㋕ Do you mean the place you talked about this morning?

	2番目	5番目
1.	㋐	㋕
2.	㋑	㋒
3.	㋒	㋔
4.	㋓	㋐
5.	㋔	㋑

【No. 26】 次の会話の空欄A、B、Cに当てはまる文を㋐～㋔から選び出したものの組合せとして最も妥当なのはどれか。

Rebecca: I bought you a yukata at a flea market today. Try it on, Sakura.
Here, I'll help you.

Sakura : Thank you. This will be fun.

Rebecca: It fits you perfectly!

Sakura : Thanks. Rebecca, I've brought Mom's yukata for you.

Rebecca: For me?

Sakura : Yes. (A)

Rebecca: Thank you, I'll put it on. Can we go to a summer festival tonight?

Sakura : (B) There are no festivals in our neighborhood tonight.

Rebecca: Alright. (C)

Sakura : Wow! We can have our own little festival!

㋐ I'm afraid not.

㋑ It will be fun for you to try on a yukata, too.

㋒ This yukata seems to be too big for you.

㋓ Let's stay in the house.

出典追記：【No. 26】「NHK ラジオ 基礎英語3 2010年7月号」

㋺　Why don't we enjoy some fireworks after dinner?

	A	B	C
1.	㋐	㋓	㋑
2.	㋑	㋐	㋔
3.	㋑	㋓	㋐
4.	㋒	㋐	㋑
5.	㋒	㋔	㋐

物　　　理

航空電子科の受験者は No. 27～No. 39 を解答してください。

解答は、問題番号に該当する答案用紙の番号欄に記入してください。

航空情報科の受験者は**解答する必要はありません。**

【No. 27】　小球を鉛直下向きに 4.0 m/s で投げ下ろしたとき、投げ下ろしてから 2.0 秒間に小球が落下する距離として最も妥当なのはどれか。

　　ただし、重力加速度の大きさを 10 m/s² とする。

1.　12 m
2.　16 m
3.　20 m
4.　24 m
5.　28 m

【No. 28】　図のように、xy 平面上に、質量 1 kg，2 kg，3 kg の小球 A，B，C を質量の無視できる棒でつないだ物体を置いたとき、この物体の重心の座標として最も妥当なのはどれか。

1.　(0, 2)
2.　(0, 3)
3.　(0, 4)
4.　(1, 3)
5.　(1, 4)

【No. 29】　図のように、水平面と角 $\theta\,(0° < \theta < 90°)$ をなす粗い斜面上に小物体 A を静かに置いたところ、A は斜面を滑り降りた。このとき、A の加速度の大きさとして最も妥当なのはどれか。

　　ただし、A と斜面の間の動摩擦係数を μ'、重力加速度の大きさを g とする。

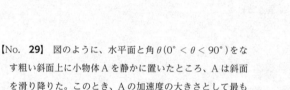

1. $-\mu' g \cos\theta$

2. $g(\sin\theta - \mu'\cos\theta)$

3. $g(\sin\theta + \mu'\cos\theta)$

4. $g(\cos\theta - \mu'\sin\theta)$

5. $g(\cos\theta + \mu'\sin\theta)$

【No. 30】 図のように、滑らかな水平面上を速さ v_0 で進んでいた質量 m の物体が、質量 $\frac{1}{4}m$ の物体 A と質量 $\frac{3}{4}m$ の物体 B の二つに分裂した。A は速さ $2v_0$ で初めの方向から $60°$ の方向に進み、B は速さ v で初めの方向から角 $\theta\,(0° < \theta < 90°)$ の方向に進んだ。このとき、v と $\tan\theta$ の組合せとして最も妥当なのはどれか。

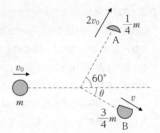

	v	$\tan\theta$
1.	$\dfrac{2\sqrt{3}}{3}v_0$	$\dfrac{\sqrt{3}}{3}$
2.	$\dfrac{2\sqrt{3}}{3}v_0$	$\dfrac{\sqrt{3}}{2}$
3.	$\dfrac{2\sqrt{3}}{3}v_0$	1
4.	$\dfrac{3\sqrt{3}}{2}v_0$	$\dfrac{\sqrt{3}}{3}$
5.	$\dfrac{3\sqrt{3}}{2}v_0$	$\dfrac{\sqrt{3}}{2}$

【No. 31】 図のように、滑らかな曲面において、最下点から高さ h の点 A より、質量 m の小球を静かに放したところ、小球は曲面に沿って運動し、最下点を通過した後、最下点から高さ $\frac{h}{3}$ の点 B を通過した。B を通過したときの小球の速さとして最も妥当なのはどれか。

ただし、重力加速度の大きさを g とする。

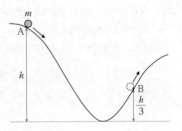

1. $\sqrt{\dfrac{1}{3}gh}$

2. $\sqrt{\dfrac{2}{3}gh}$

3. $\sqrt{\dfrac{4}{3}gh}$

4. $\dfrac{2}{3}gh$

5. $\dfrac{4}{3}gh$

【No. 32】　図のように、十分大きな水槽内の水に、質量 M、断面積 S の密度が一様な円柱形の物体が浮かんで静止しており、物体が水中に沈んでいる部分の長さを x_0 とする。この状態から、物体を鉛直上向きに少し引き上げて静かに放したところ、物体は単振動をした。その周期として最も妥当なのはどれか。

　ただし、物体は水中を鉛直方向のみに滑らかに運動するものとし、重力加速度の大きさを g とする。

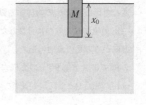

1. $\pi\sqrt{\dfrac{x_0}{g}}$

2. $2\pi\sqrt{\dfrac{x_0}{g}}$

3. $2\pi\sqrt{\dfrac{g}{x_0}}$

4. $\pi\sqrt{\dfrac{x_0 S}{Mg}}$

5. $2\pi\sqrt{\dfrac{Mg}{x_0 S}}$

【No. 33】　温度が 80 ℃ で 200 g の鉄製の容器に、温度が 20 ℃ の水 50 g を入れたところ、しばらくして容器と水の温度が等しくなった。この温度として最も妥当なのはどれか。

　ただし、熱は容器と水の間だけで移動し、鉄の比熱を 0.45 J/(g・K)、水の比熱を 4.2 J/(g・K) とする。

1. 38 ℃

2. 42 ℃

3. 46 ℃

4. 50 ℃

5. 54 ℃

【No. 34】　図Ⅰのように、滑らかに動くピストンの付いたシリンダーに理想気体が閉じ込められて
いる。この気体を、図Ⅱに示す温度と体積のグラフにおいて、A → B → C → D → A のサイクル
でゆっくりと状態変化させた。このサイクルを、体積と圧力のグラフに表した図として最も妥当な
のはどれか。

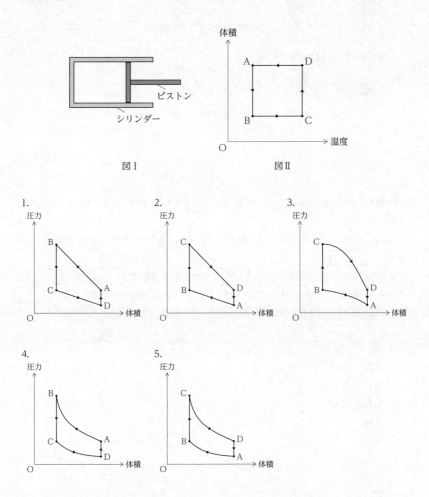

図Ⅰ　　　　　　　　　　　　　図Ⅱ

【No. 35】　図は、ある媒質中を x 軸方向に進む縦波について、ある時刻における縦波による媒質
の x 軸の正の向きの変位を y 軸の正の向きに表し、x 軸の負の向きの変位を y 軸の負の向きに表し
たものである。この時刻において、媒質が最も密な点と、媒質の速さが 0 の点を、図中の点 A 〜
D のうちからそれぞれ選び出したものの組合せとして最も妥当なのはどれか。

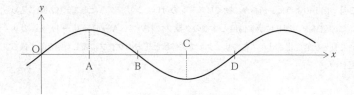

```
       最も密な点    速さが 0 の点
1.        A          A, C
2.        A          B, D
3.        B          A, C
4.        B          B, D
5.        C          B, D
```

【No. 36】 光の性質に関する次の記述の㋐、㋑に当てはまるものの組合せとして最も妥当なのはどれか。

「光は、小さな粒子に当たると、その粒子を中心として、あらゆる方向に向かって進む。この現象を光の ㋐ という。

太陽光が大気中の気体分子によって ㋐ される場合、波長が ㋑ ほど ㋐ されやすい。朝焼けや夕焼けが赤いのは、太陽光が通過する大気の層が厚く、青色の光が ㋐ されて残った赤色の光を見ているためである。」

```
          ㋐        ㋑
1.       散乱      長い
2.       散乱      短い
3.       分散      長い
4.       分散      短い
5.       偏光      長い
```

【No. 37】 電池につながれた平行板コンデンサーがある。この平行板コンデンサーに対して行う操作及びその結果に関する記述㋐、㋑、㋒のうち、妥当なもののみを全て挙げているのはどれか。

　㋐ 極板間の距離を大きくすると、極板間の電位差は大きくなる。

　㋑ 極板を横にずらして向かい合う面積を小さくすると、極板間の電場は弱くなる。

　㋒ 極板間を誘電体で満たすと、極板の電気量は大きくなる。

1. ㋐
2. ㋐、㋑
3. ㋑
4. ㋑、㋒
5. ㋒

【No. **38**】 図のような回路において、2.0Ωの抵抗Rに流れる電流の大きさとして最も妥当なのはどれか。

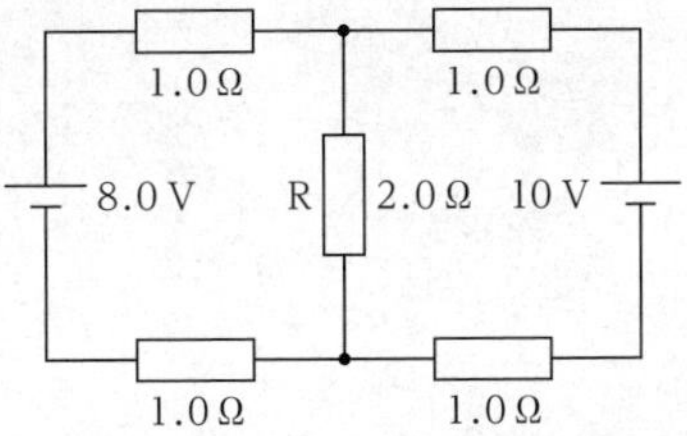

1. 1.0A
2. 2.0A
3. 3.0A
4. 4.0A
5. 5.0A

【No. **39**】 図Iのように、検流計の付いたコイルに対して棒磁石のS極を近づけたところ、検流計には矢印の向きに電流が流れた。コイルと検流計をそのままにして、コイルに対して棒磁石を次の㋐、㋑のように作用させるとき、検流計に流れる電流に関する記述の組合せとして最も妥当なのはどれか。

㋐ 図IIのように、コイルの中央で棒磁石を静止させたままとする。

㋑ 図IIIのように、棒磁石のN極を遠ざける。

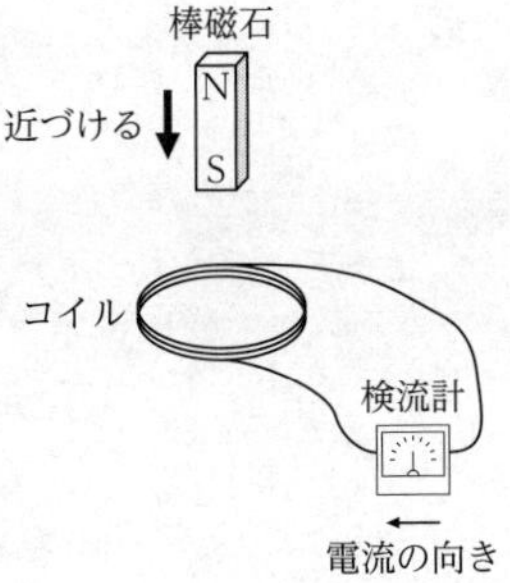

図I

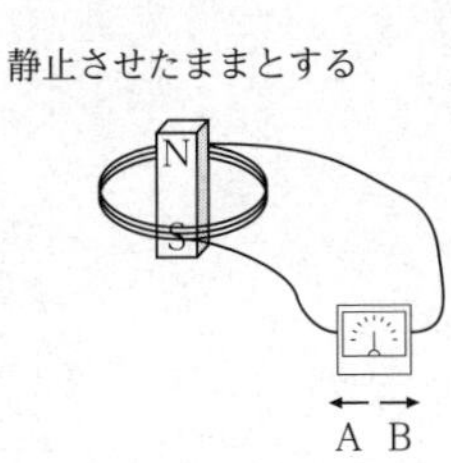

図II

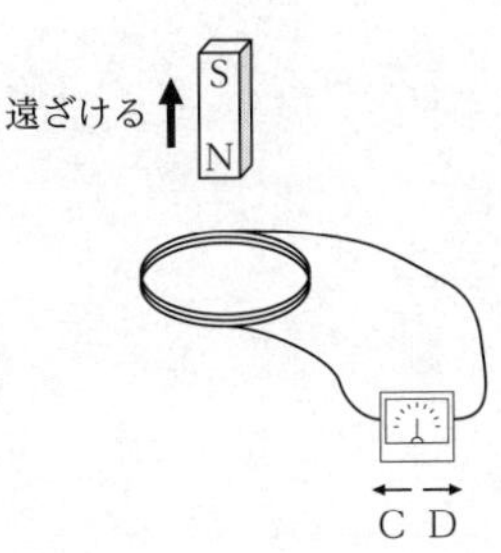

図III

㋐　　　　　　　　　　　㋑

1. A の向きに電流が流れる。　C の向きに電流が流れる。
2. A の向きに電流が流れる。　D の向きに電流が流れる。
3. B の向きに電流が流れる。　D の向きに電流が流れる。
4. 電流は流れない。　　　　　C の向きに電流が流れる。
5. 電流は流れない。　　　　　D の向きに電流が流れる。

解答編

■基礎能力試験■

問題	正答	問題	正答
No. 1	5	No. 21	2
No. 2	5	No. 22	4
No. 3	2	No. 23	4
No. 4	1	No. 24	3
No. 5	4	No. 25	5
No. 6	3	No. 26	4
No. 7	4	No. 27	3
No. 8	2	No. 28	5
No. 9	2	No. 29	2
No. 10	3	No. 30	1
No. 11	1	No. 31	2
No. 12	2	No. 32	1
No. 13	5	No. 33	3
No. 14	5	No. 34	3
No. 15	1	No. 35	1
No. 16	5	No. 36	3
No. 17	5	No. 37	1
No. 18	2	No. 38	2
No. 19	3	No. 39	5
No. 20	4	No. 40	4

学科試験

問題	正答	問題	正答
No. 1	4	No. 21	5
No. 2	2	No. 22	5
No. 3	3	No. 23	4
No. 4	1	No. 24	4
No. 5	3	No. 25	5
No. 6	3	No. 26	2
No. 7	2	No. 27	5
No. 8	5	No. 28	4
No. 9	4	No. 29	2
No. 10	4	No. 30	1
No. 11	1	No. 31	3
No. 12	5	No. 32	2
No. 13	2	No. 33	1
No. 14	3	No. 34	5
No. 15	1	No. 35	3
No. 16	2	No. 36	2
No. 17	3	No. 37	5
No. 18	1	No. 38	3
No. 19	2	No. 39	4
No. 20	4		

2021
年度

問題と解答

■航空保安大学校学生採用試験

問題編

▶試験の方法

試験	試験種目	内　　　　容		配点比率
		航空情報科	航空電子科	
第1次試験	基礎能力試験（多肢選択式）	公務員として必要な基礎的な能力（知能及び知識）についての筆記試験　出題数は 40 題 　知能分野 20 題 　（文章理解⑦，課題処理⑦，数的処理④，資料解釈②） 　知識分野 20 題 　（自然科学⑤，人文科学⑨，社会科学⑥）		$\frac{1}{4}$
	学科試験（多肢選択式）	「数学Ⅰ・Ⅱ・Ａ・Ｂ（数列，ベクトル）⑬」，「コミュニケーション英語Ⅰ・Ⅱ⑬」についての筆記試験　計 26 題	「数学Ⅰ・Ⅱ・Ａ・Ｂ（数列，ベクトル）⑬」，「物理基礎・物理⑬」についての筆記試験　計 26 題	$\frac{2}{4}$
第2次試験	人物試験	人柄，対人的能力などについての個別面接		$\frac{1}{4}$
	身体検査	主として胸部疾患（胸部エックス線撮影を含む），血圧，尿，その他一般内科系検査		＊
	身体測定	色覚，聴力についての測定	色覚についての測定	＊

▶備　考

- ○内の数字は出題予定数である。
- 「配点比率」欄に＊が表示されている試験種目は，合否の判定のみ行われる。
- 第2次試験の際，人物試験の参考とするため，性格検査を行う。
- 航空電子科では，航空保安大学校での研修において，採用試験科目以外に数学Ⅲを入学までに学習していることを前提とした講義がなされる。

■■■■基礎能力試験■■■■

（1時間30分）

【No.　1】　次の文の内容と合致するものとして最も妥当なのはどれか。

　われわれは科学というものを，正誤が最初から決定された，出来上った知識体系として受け取り勝ちである。しかも，科学が発展するとすれば「科学的」として今日のわれわれが漠然と暗黙の裡に，しかもかなり強固に了解している方法によってのみ，それが行われると思い込まれている。

　だがすでにガリレオの例でさえそうであるように，ある時代に了解されている「科学的」な方法に固執する限り，科学における新しい展開は抹殺される，という可能性をわれわれは無視することができない。われわれが，現在「科学的」と思い込んでいる判定基準に従う限り「非科学的」として一笑に付されるべきもののなかに，二百年後の「科学的」立場から見れば「科学的」真理であると評価されるものが含まれている可能性を，われわれは否定することができないのである。ガリレオの望遠鏡を覗いてそこに見える像を観察することを拒否した逍遥学徒*たちは，決して「非科学的」であったがゆえにそうしたのではなく，まさしく「科学的」であったがゆえにそうせざるを得なかった，という教訓を想い起そう。今われわれは，現在のガリレオを，「非科学的」の名のもとに切り捨てているかもしれないのである。百年後，現在のガリレオは，「新科学」を切り開いた先駆者として讃えられ，「非科学的」と笑ったわれわれは，頑迷愚昧，低劣無知な真理の圧殺者として断罪されるかもしれないのである。

　この論点は，「科学」と呼ばれるものが，決して一枚岩として出来上った知識体系ではなく，時代と社会とを通じて，つねに変動する価値体系であることを示している。過去の歴史における科学があたかも一枚岩の真理体系であるかのように見えるのは，単に，今日の出来上った科学体系なるものを過去に投影して眺めるからに過ぎない。

　（注）　*逍遥学徒：アリストテレス学派の人

村上陽一郎『歴史としての科学』

1．科学は，われわれが強固に了解している方法に従っているがゆえに，出来上った知識体系として成立している。

2．ガリレオが生きていた時代には「科学的」な方法はなかったので，「科学的」な方法を発見したガリレオの主張は抹殺された。

3．将来「科学的」と言われるもののなかに，現在われわれが「非科学的」として切り捨てているものが含まれている可能性がある。

4.　ガリレオが現在の時代に生きていたら，現在の「非科学的」な方法を「科学的」と思うだろう。

5.　「科学」は，時代と社会とを通じてつねに変動する価値体系であるため，過去の科学体系と現在の科学体系との間に連続性は存在しない。

【No.　2】　次の文の内容と合致するものとして最も妥当なのはどれか。

　哲学しかできない領域がある。いや，領域というより方法がある。それは，ある概念が与えられたら（例えば「東日本大震災」や，「絆」）その問題（概念）に関する外的な前提や思い込みを一度徹底的に壊してみてから，人間の本質から，（あえて通俗的な言葉を使えば）その「内面」から，与えられた概念によって意味されているものをあらゆる角度から照射し，徹底的にとらえ直すことである。

　とくに，〈絆〉のような「道徳的に善い」とみなされている概念に関しては，「いまは考えているより行動してほしい」という要求が強くなり，そういうときにこそ人々の思考は粗くなるゆえに，——個人としてはいかに行動してもいいけれど——哲学者としては，むしろじっくり腰を据えて根本から考えるべきだと思う。でなければ，誰が考えるのだろうか？

　震災で多数の犠牲者が出たとき，どうにかして彼らを救いたいという気持ちに，人間としてほとんど差異はないであろう。だが，そのとき発せられる言語によく耳をすまさねばならない。こうしたときこそ，たとえ略奪，強盗，窃盗，詐欺，恐喝，暴力という直接行動はなくとも，言語による暴力がまかり通りやすいこと，ある単純な言語を強制的に撒き散らすことによって，他の多様な陰影を持った言語を圧殺しやすいこと，この暴力を警戒しなければならない。

　「絆」という言葉は，（日本古来の言葉であるが）先の地震のときにあっという間に全国に広がり，一つの権威を獲得した。地震発生時からしばらくのあいだ，テレビ画面は「優しさ」の大号令が轟いていた。

《　中　略　》

　しかし，想い起こしてもらいたい。〈絆〉とは本来人を「縛る」ものなのだ。親子の絆，夫婦の絆，地域社会の絆が「善いこと」ばかりを含意しないこと，それがいかに個人を理不尽に縛るか，誰でも知っているであろう。

　〈絆〉は本来，けっして無条件に善いことを意味してはいないのに，今回すっかり相貌を変えて絶対的に善いことになってしまった感がある。いまや「絆」という言葉は特権的地位を獲得し，「私は〈絆〉を求めない」とか「私は〈絆〉を好まない」という語り方ができなくなってしまった。言葉がこういうふうに変貌するとき，そのマイナス面が消し去られ，すべてが明るい光のもとに照らされてあるとき，われわれは警戒しなければならない。

中島義道『反〈絆〉論』

1.　哲学は，ある概念を内面からとらえ直すことは得意だが，外的な前提を含めた考察は不得意である。

2. 思考よりも行動を要求される場面こそ，哲学者以外にも，物事を根本から考えることのできる人間が必要とされる。

3. 略奪や暴行といった直接的な暴力よりも，言語による間接的な暴力の方が脅威となる。

4. 「絆」という言葉は，東日本大震災を契機に，人間関係を表す意味を獲得した。

5. 言葉が有するマイナス面が消し去られるとき，言語による暴力に注意しなければならない。

【No. 3】　次の文の内容と合致するものとして最も妥当なのはどれか。

　ニュータウンは，「見られる」存在である。衰退する郊外都市を象徴する人口減少社会のトップランナーとして，あるいは少子・高齢化と施設の老朽化が進む「オールドタウン」として，ニュータウンは社会の関心を集めている。また過去には，「理想」や「夢」と結び付けて「来るべき未来社会」を予見する存在として見なされていたこともあった。あるときは小説の題材になり，またあるときは週刊誌の埋め草記事のトピックにもなり，ニュータウンは批評や批判の対象になってきた。

　ニュータウンに対して好奇の目を向け，その問題性をあぶり出して批評する人は，外部からニュータウンを一方的に「見る」位置にいる。逆に，ニュータウンを構成する建物やそこに住む人々は，常に「見られる」立場になる。ニュータウンは，「見る/見られる」という不均衡な関係が固定化された場で，一貫して「見られる」存在なのである。

　私自身，各地のニュータウンに幾度となく足を運び，観察してきた。写真もたくさん撮ってきた。本書もニュータウンを対象としている。その意味では，一方的に「見る」側の立場にいることは否定できないし，それは甘んじて引き受けるしかない。しかし同時に，その立場であることに，いつも後ろめたさも感じていた。たとえば老朽化が進む団地やマンションを被写体に写真を撮るとき，直接は写り込まないけれどももちろんその建物には人が住んで生活をしている。さびれた商店街の様子を撮ったとしても，その背後にはそこを日常的に利用している人がいる。そうした人々は，外部からやってきた観察者に一方的に見られ，写真を撮られる対象にあることを，どう感じているのだろうか。そのようなことに思いをめぐらせると，カメラを片手にニュータウンを歩くこと自体，とても悪いことのように思えてしまうのだ。

《中　略》

　ニュータウン住民は，決して動物園の檻のなかにいる動物ではないし，ましてや実験室のなかのモルモットでもない。そこに住む一人ひとりに具体的な生活やその積み重ねがあり，ときには葛藤や悩みなどを抱えながら，地域や家庭を舞台にそれぞれ異なる人生を送っている。

金子淳『ニュータウンの社会史』

1. 「見られる」存在であるニュータウンは，社会の関心や批評などの対象となり，外部から一方的に「見られる」立場に置かれている。

2. ニュータウンは，社会の関心を集めてきたが，週刊誌などに誤った情報が掲載されることも多

く，ニュータウン住民は正しい情報を発信するよう要求している。

3. 「見る/見られる」という不均衡な関係とは，ニュータウン住民がニュータウンについて多くを知っているのに対し，外部の批評者がこれについてほとんど知らないという関係を指す。

4. ニュータウン住民ではない外部の研究者がニュータウンについて調査するのではなく，ニュータウン住民の研究者が当事者の立場から調査をするべきである。

5. 筆者は，何度もニュータウンに足を運び，街の様子を撮り続けることによって，ニュータウンに住む住民一人ひとりの具体的な生活を初めて理解できるようになると考えている。

【No.　4】　次の　　　　　と　　　　　の文の間のＡ～Ｅを並べ替えて続けると意味の通った文章になるが，その順序として最も妥当なのはどれか。

> 　教育の根源的な目的から考えても，おいしい人生をおくるためという教養の意義からしても，学びは一生継続していくものです。

Ａ：大学院への進学者も少ない。世界の大学院生は 10 年くらい働いてから入学するのが当たり前です。「仕事の経験がある人のほうが高度な学習ができる」というわけです。フィンランドでは 3 人に 2 人が職を替えますが，そのうちの 50 ％ は仕事を替える際に，新しい資格や学位を取ってステップアップしているそうです。何ともうらやましい社会ではありませんか。

Ｂ：いま，生涯にわたって教育と労働など他の活動を交互に繰り返す教育システム「リカレント教育」が注目を集めているのには，こういう背景があります。

Ｃ：学んで働いて，また学んで働いてを繰り返していかないと，どんどん獲得した知識が役に立たなくなってしまいます。

Ｄ：すでに諸外国では，学んで働く，学んで働くの繰り返しが当たり前になっています。25 歳以上の学士課程への入学者の割合は，OECD 平均が 16.8 ％ なのに対し，日本はわずか 2.5 ％ にとどまっています。

Ｅ：まして現在のように世の中の変化がどんどん早くなると，若い頃に大学で最新の知識を一所懸命学んでも，その知識は 10 年後，20 年後には古くなってしまうでしょう。それで人生 100 年時代を乗り切ることは困難です。

> 　高校と大学を卒業し社会人になったらもう学校での勉強は終わり，以降は学校とは縁がなくなるというのは勝手な思い込みで，勉強はいつだって好きなときに再開すればいいのです。

出口治明『還暦からの底力』

1.　D→B→C→E→A

2.　D→B→E→A→C

3.　D→C→A→B→E

4.　E→A→C→B→D

5.　E→C→B→D→A

【No.　5】　次の文の内容と合致するものとして最も妥当なのはどれか。なお，訓点は参考までに一例を付したものである。

呉起之為レ将、与二士卒最下者一同二衣食一、臥不レ

設レ席、行不二騎乗一。親裹二贏糧一、与二士卒一分二労苦一。

卒有二病レ疽者一。起為レ吮レ之。卒母聞而哭レ之。人曰ハク、

「子卒也。而将軍自ラ吮二其疽一。何ソ哭スルヲ為サント。」母曰ハク、

「非ザルニ然也。往年呉公吮二其父一。其父戦不レ旋踵、

遂ニ死二於敵一。呉公今又吮二其子一。妾不レ知二其死所一

矣。是ヲ以ッテ哭レ之。」

（注）　*1 裹贏：包み背負う　　*2 疽：悪性のはれもの　　*3 旋踵：敵に背を向け逃げる

1. 呉起は，士卒の身分の低い者と衣食を同じくしていたが，寝床は別にしていた。

2. 呉起は，士卒が病にかかってしまったため，彼をいさめた。

3. 士卒の母は，呉起の言動が士卒を苦しめていることに怒り，呉起に訴えた。

4. 士卒の父は，呉起に悪性のはれものを吸ってもらった。

5. 士卒の母は，士卒が呉起への忠誠心を失ってしまうことを恐れた。

【No. 6】　次の文の内容と合致するものとして最も妥当なのはどれか。

著作権の都合上，省略。

For the Birds, Time for Kids on September 11, 2020 by Jaime Joyce

(注)　*1 collision：衝突　　*2 opaque：不透明な

1. 米国では，繁殖期にヒナに餌を運ぶために飛行する親鳥など，毎年総計で 30 億羽以上の鳥が建物のガラスに衝突する事故が起きている。

2. Sheppard 氏は，鳥が建物に衝突せずに建物内に巣を作ることができるように，環境学者らのアドバイスを受けて，鳥に優しいビルを新たに建設することとした。

3. フランスの Orange Cube は，窓に使用するガラスを減らす工夫をしたことで，鳥に優しい建

物として世界で初めて認定された。

4. ニューヨークの Javits Center は，鳥がガラスを認識できるように，特殊なガラスを使うことで，鳥の衝突を大幅に減らすことに成功した。

5. ニューヨークの Javits Center は，ガラスの一部を金属パネルに置き換えたことで，建物内から外の景色が見づらく不評となり，この建物への来客者が減少した。

【No.　7】　次のメッセージのやりとりの内容と合致するものとして最も妥当なのはどれか。

著作権の都合上，省略。

Foreign exchange emails, British Council LearnEnglish Teens

著作権の都合上，省略。

1. Alex が，Jack からメッセージを受け取った日のうちに返信しなかったため，Jack は怒っている。

2. Alex は，他の友人と遊ぶ時間を削ってまで授業に打ち込んで忙しかったため，Jack からのメッセージへの返信が遅れた。

3. Alex のホストファミリーは良い人たちだが，子どもたちはやんちゃで騒々しいため，Alex はカフェで気分転換をした。

4. シアトルのお祭りはすばらしいが学生にとってはやや高価なため，Alex は，無料の路上パフォーマンスを見た。

5. Alex は，遠足で国立公園に行ったので，そのときの写真を Jack に送ることを約束した。

【No.　8】　次の記述のうち，論理的にいえることとして最も妥当なのはどれか。

1. 海が好きな人は，山も好きである。読書が好きな人は，山が好きではない。したがって，海が好きな人は，読書が好きではない。

2. 海外に行ったことがある人は，旅行が好きである。海外に行ったことがある人は，英語が得意である。したがって，旅行が好きな人は，英語が得意である。

3. キャンプが好きな人は，車も料理も好きである。ピクニックが好きではない人は，車も好きではない。したがって，キャンプが好きな人は，ピクニックが好きではない。

4. メニューにパスタがないお店には，紅茶がある。メニューにグラタンがあるお店には，メロンソーダがない。したがって，メニューにグラタンがないお店には，紅茶もない。

5. タピオカもカフェオレも好きな人は，スムージーも好きである。シェイクが好きな人は，カフェオレが好きではない。したがって，シェイクが好きではない人は，スムージーも好きではない。

【No. 9】 ある高校では，1年次から3年次までの3年間で美術又は音楽の芸術科目を選択する
こととなっている。3年間のうち少なくとも計2年間は芸術科目を選択しなくてはならないが，
1年次は美術のみ，3年次は音楽のみ選択可能で，2年次はどちらか一方の科目が選択可能で
あった。A～Eの5人について，3年間の芸術科目の選択状況が次のとおり分かっているとき，
確実にいえることとして最も妥当なのはどれか。

○ A～Eのうち，1年次は3名，3年次は4名が芸術科目を選択した。

○ Aは3年次に芸術科目を選択しなかった。

○ 3年間とも芸術科目を選択したのはBのみであった。

○ Cは2年次にAと同じ科目を選択したが，Dとは別の科目を選択した。

○ 3年間で選択した芸術科目が，音楽のみ又は美術のみであった者が1名いた。

1. Aは，2年次に美術を選択した。

2. Bは，2年次に音楽を選択した。

3. Cは，2年次に音楽を選択した。

4. Dは，1年次に美術を選択した。

5. Eは，1年次に芸術科目を選択しなかった。

【No. 10】 平面上にある地点A～Dは互いに線分で結ばれており，地点Aは地点Bの真西に，地点
Cは地点Bの真南にある。また，地点Dは地点Aと地点Bを結ぶ線分の中点から見て真南にあり，
地点Bと地点Cを結ぶ線分の中点から見て真西にある。このとき，確実にいえることとして最も妥
当なのはどれか。

1. 地点Aと地点B間の距離は，地点Cと地点D間の距離と等しい。

2. 地点Aと地点C間の距離は，地点Bと地点D間の距離の2倍である。

3. 地点Aと地点D間の距離は，地点Bと地点C間の距離の3倍である。

4. 地点Bと地点C間の距離は，地点Bと地点D間の距離と等しい。

5. 地点Cと地点D間の距離は，地点Cと地点A間の距離と等しい。

【No. 11】 各面に1～8の互いに異なる数字が一つずつ書かれた正八面体のサイコロがある。こ
れを3回振って出た目を合計した値は，3～24があり得るが，確率的に最も出やすい値は次のう
ちではどれか。

ただし，サイコロの各面が出る確率は全て等しいものとする。

1.　10
2.　13
3.　16
4.　19
5.　22

【No. 12】　図は，ある計算機の一連の処理を示したものである。この計算機は，複数の数値を記憶できる記憶領域を持ち，その中に数値が格納され，その数値に対して四則演算が行われることによって複雑な計算を行うことができる。

　一連の数値の計算は，数値を記憶領域へ入力する処理と，記憶領域にある数値に対する演算処理から構成される。数値を記憶領域へ入力する処理は，記憶領域のCに値を入力して行い，それ以前に記憶領域に数値が存在する場合は，それらの数値がそれぞれ一つ上の記憶領域に移動する。記憶領域にある数値に対する演算処理は，Bにある数値とCにある数値に対して四則演算のいずれかを行う。この演算結果はCに格納され，Aに格納されていた数値はBに移動する。

　図の①~⑨は，上記の規則に従って，

$$(12 + 34 - 5) \times (10 \div 5) = 82$$

の計算の一連の処理を示したものであり，この計算における処理手順を

12, 34, $\boxed{+}$, 5, $\boxed{-}$, 10, 5, $\boxed{\div}$, $\boxed{\times}$

と表現するものとする。また，$\boxed{\text{push}}$ は記憶領域に数値を入力する処理を指すものとする。

入力	記憶領域	入力	記憶領域	入力	記憶領域
① 12 $\boxed{\text{push}}$	A B C 12	④ 5 $\boxed{\text{push}}$	A B 46 C 5	⑦ 5 $\boxed{\text{push}}$	A 41 B 10 C 5
② 34 $\boxed{\text{push}}$	A B 12 C 34	⑤ $\boxed{-}$	A B C 41	⑧ $\boxed{\div}$	A B 41 C 2
③ $\boxed{+}$	A B C 46	⑥ 10 $\boxed{\text{push}}$	A B 41 C 10	⑨ $\boxed{\times}$	A B C 82

　この場合，次の処理手順で表現される計算を，この計算機を用いて行ったときに得られる値はいくらか。

2, 4, 5, $\boxed{\times}$, $\boxed{+}$, 7, $\boxed{-}$, 3, $\boxed{\div}$

1.　1
2.　3
3.　5
4.　7
5.　9

【No. 13】　円周を6等分した点A〜Fを中心にしてコンパスで弧を描き，三つの正三角形ができるように線を引くと，図のような形となった。図の網掛け部分の面積と等しくなるのは，次のうちではどの図の網掛け部分の面積か。

　　ただし，円の直径は全て等しいものとする。

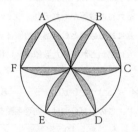

1.
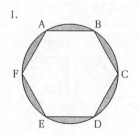

2.
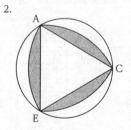

3.
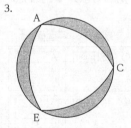

4.
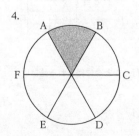

5.
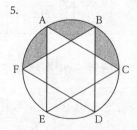

【No. **14**】　ある立体があり，その立体の平面図，正面図，側面図がそれぞれ図Ⅰ，図Ⅱ，図Ⅲで示されている。この立体の見取図として最も妥当なのは次のうちではどれか。

　ただし，平面図，正面図，側面図とは，図Ⅳにおいて，それぞれ矢印の方向から立体を見たときに見える図をいい，例えば，図Ⅳの立体の平面図，正面図，側面図はそれぞれ図Ⅴ，図Ⅵ，図Ⅶのようになる。

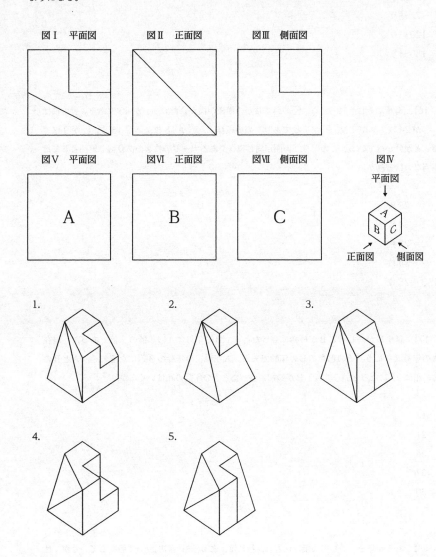

【No. **15**】 f, o, l, l, o, w の 6 文字全てを横一列に並べるとき，その並べ方は全部で何通りあるか。

1.　36 通り
2.　60 通り
3.　72 通り
4.　120 通り
5.　180 通り

【No. **16**】 両面にそれぞれ○，△，□のいずれかの模様が描かれたカードが 40 枚ある。表の模様は，○が 24 枚，△が 9 枚，□が 7 枚であり，裏の模様は，○が 18 枚，△が 13 枚，□が 9 枚であることが分かっている。このとき，両面が同じ模様であるカードの枚数のあり得る範囲として最も妥当なのはどれか。

1.　1 ～28 枚
2.　1 ～34 枚
3.　2 ～28 枚
4.　2 ～34 枚
5.　3 ～28 枚

【No. **17**】 誕生日が同じ A と B が最初に会ったとき，B の年齢は A の年齢の 2 倍であった。現在の A の年齢はちょうどそのときの B の年齢である。A が現在の年齢の 3 倍になるとき，A と B の年齢の和は 91 になるという。A と B が最初に会ったときの年齢の和はいくらか。

1.　18
2.　21
3.　24
4.　27
5.　30

【No. **18**】 ある商品を一括して大量に仕入れ，初めは，ある価格(当初価格)で販売していたが，仕入量の 65 ％ が売れた時点から当初価格の 2 割引とし，仕入量の 90 ％ が売れた時点から当初価

格の 5 割引として，この商品を完売した。このとき，この商品の売上額の合計は，当初価格で全て売り切った場合の何% に相当するか。

1.　80 %
2.　82 %
3.　85 %
4.　88 %
5.　90 %

【No.　19】　図は，我が国における年間 1 人当たりの魚介類 4 品目の平均消費量の推移を示したものである。これからいえることとして最も妥当なのはどれか。

　　ただし，対前年増加率は前年より増加する場合にのみ，対前年減少率は前年より減少する場合にのみ，それぞれ考えるものとする。

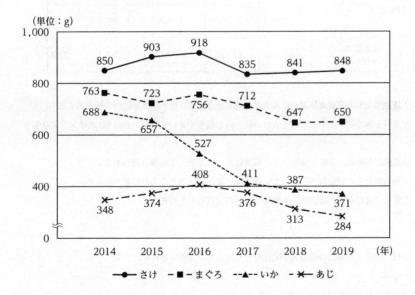

1.　2015 年についてみると，魚介類 4 品目それぞれの対前年増加率又は対前年減少率は，全て 10 % 以下である。
2.　2016 年の魚介類 4 品目それぞれの対前年増加率についてみると，「さけ」が最も高い。
3.　2014 年〜2019 年についてみると，「いか」と「あじ」の平均消費量の和が「さけ」の平均消費量

を上回った年は 4 回以上ある。

4. 2014 年～2019 年についてみると，我が国全体での「いか」の漁獲量は一貫して減少している。

5. 2015 年～2019 年についてみると，対前年減少率が最も高いのは 2016 年の「いか」である。

【No. 20】　表は，ある地域におけるA～Eの施設について示したものである。これからいえること
として最も妥当なのはどれか。

　ただし，ここでいう充足率とは，定員に対する現員の比(%)を指すものとする。

施設		A施設	B施設	C施設	D施設	E施設
施設数 (単位：か所)		134	602	43	58	123
利用 対象者	定員 (単位：人)	3,865	33,017	1,962	3,753	826
	現員 (単位：人)	2,939	27,828	1,358	1,397	486
職員総数 (単位：人)		4,539	16,672	995	1,788	519

1. 1 施設当たりの定員を施設別にみると，最も大きい値は最も小さい値の 5 倍未満である。

2. 充足率を施設別にみると，最も大きい値(%)と最も小さい値(%)の差は 60 ポイントより大きい。

3. 施設別にみると，現員 1 人当たりの職員数が 1 人を超える施設は三つある。

4. 1 施設当たりの職員数が最も少ない施設は，現員 1 人当たりの職員数が最も多い。

5. 充足率が最も大きい施設は，1 施設当たりの定員も最も大きい。

【No. 21】　次の三角関数の値の大小関係のうち，正しいものはどれか。

1. sin90°　< cos60°　< tan150°

2. sin150°　< cos45°　< tan45°

3. tan30°　< tan60°　< tan120°

4. sin30°　< cos120°　< tan60°

5. sin45°　< cos150°　< tan135°

【No. 22】　電気に関する記述として最も妥当なのはどれか。

1. 物質どうしをこすり合わせると，熱が発生することで静電気が生じる。これは，一方の物質の電子と他方の物質の陽子が交換される際に発生する熱が，電気に変換されるからである。

2. 電磁波は，電気と磁気の振動の波である。電磁波が真空中を伝わる速さは周波数に比例するため，可視光線より周波数の小さいX線は，可視光線よりも速く真空中を伝わる。

3. 導線に流れる電流の大きさは，導線の両端に加わる電圧に反比例する。これをオームの法則という。発電所で作られた電気は，変電所で電流を大きくすることで，電圧を小さくしている。

4. 電気の通しやすさが導体と絶縁体の中間程度の物質を，半導体という。半導体は，IC(集積回路)やLED(発光ダイオード)，太陽電池などに利用されている。

5. 変圧器とは，直流の電気を交流に変換する装置であり，コイルの巻き数比に応じて周波数を上げ下げすることができる。このように直流の電気を交流に変換することを整流という。

【No. 23】　プロパン(C_3H_8)を完全燃焼させると二酸化炭素と水ができるが，88 g のプロパンを完全燃焼させたときに反応した酸素の質量はいくらか。

ただし，水素，炭素，酸素の原子量はそれぞれ 1.0，12，16 とする。

1. 　80 g
2. 　120 g
3. 　160 g
4. 　270 g
5. 　320 g

【No. 24】　ヒトの生体防御などに関する記述として最も妥当なのはどれか。

1. 細菌などの病原菌が体内に侵入すると，まず，細胞内の侵入した部位に赤血球が集まり，病原菌にフィブリンを分泌し病原菌を分解することで，侵入の拡大を阻止している。

2. ウイルスが体内に侵入すると，その部位が熱をもって腫れることがある。これは，白血球がウイルスに感染し活性を失うことで，毛細血管が収縮して血流量が減り，熱をもつようになるからである。

3. 感染性の病気が完治した後も，その病原体を特異的に認識するT細胞やB細胞が記憶細胞として体内に残るため，再度その病原体が侵入した場合，記憶細胞が短期間で免疫反応を引き起こすことができる。

4. 細胞性免疫とは，マクロファージが異物を認識して抗体産生細胞となり大量の抗体を作り，その抗体と結合した異物を，血小板の食作用により排除するものである。

5. 他人の臓器を移植した場合，移植した組織が非自己と認識され攻撃を受け，生命が脅かされることがある。これをアナフィラキシーといい，移植の際，事前に血清を注射することで，その発生を防止している。

【No. 25】 次のA〜Dは地球の大気圏に関する記述であるが，これらを地表に近いものから順に並べたものとして最も妥当なのはどれか。

A：この層では，100 m の高度上昇につき平均約 0.65 ℃ ずつ気温が低下する。ここでは，暖められた空気が上昇して対流が起こり，この空気の運動に伴って，雲の発生や降水など様々な大気現象が生じる。

B：この層では，オゾン層が形成される。これは，遺伝物質 DNA を傷つける有害な紫外線が地表に届くのを妨げている。

C：この層では，O_2 や N_2 が太陽からの紫外線やX線を吸収することで大気が高温になっている。また，高緯度地方では，オーロラが見られる。

D：この層では，高度とともに気温が低下し，上部では約 −85 ℃ の低温になる。また，大気の密度は，上空ほど小さくなるが，大気組成は地表付近とほぼ同じである。

1. A→B→D→C
2. A→D→C→B
3. B→A→D→C
4. B→C→A→D
5. C→A→D→B

【No. 26】 1940 年代以降の国際情勢に関する記述として最も妥当なのはどれか。

1. 1940 年代，米国，ソ連，英国の3か国は，マーシャル＝プランを発表し，互いに協力しながら第二次世界大戦後の新しい国際秩序を構築していくとの共通認識を示した。

2. 1950 年代，キューバで米軍とソ連軍間で武力衝突が起き，劣勢となったソ連が核兵器の使用を検討する，いわゆるキューバ危機が生じたが，米軍がキューバから撤退し，危機は回避された。

3. 1960 年代後半から 1970 年代には，ヨーロッパは冷戦の状態にあり，東側のヨーロッパ共同体(EC)の設立に対抗して，西側は北大西洋条約機構(NATO)を設立し軍備を増強した。

4. 1980 年代末に米ソの両首脳により「冷戦の終結」が宣言された。その頃，東欧では民主化を求める東欧革命が起こり，ドイツでは西ドイツが東ドイツを吸収合併する形で統一がなされた。

5. 2000 年代，中国は急速な経済成長を続け，国内総生産(GDP)が米国を抜いて世界一となった。また，割譲・租借されていた香港とマカオが，英国，ロシアからそれぞれ返還された。

【No. **27**】　近現代の東南アジアに関する記述として最も妥当なのはどれか。

1. 19 世紀後半のタイでは，チュラロンコン(ラーマ 5 世)が英国やフランスと協力し，自国の植民地化を狙うドイツに対抗したが，ドイツの武力侵攻を受け植民地化を余儀なくされた。

2. 20 世紀半ばのインドネシアでは，第二次世界大戦中から独立運動を行っていたフランコ将軍が大統領となって米国からの独立を宣言し，民主主義的な政権が誕生した。

3. 20 世紀後半のカンボジアでは，ポル゠ポトが社会主義の独裁政権を打倒して民主主義的な政権を樹立し，農業を主軸とした近代化を行って国内情勢を安定させた。

4. 20 世紀後半のベトナムでは，ベトナム戦争が起こり，米国は，南ベトナムの支援のため軍を派遣し北ベトナムを攻撃したが，最終的には撤退した。その後，北ベトナムが南北を統一した。

5. 21 世紀に入ると，東南アジア全域をまとめる地域連合として東南アジア諸国連合(ASEAN)が発足し，その後，日本や米国，中国も加盟する共同体へと発展・拡大した。

【No. **28**】　近代以降の我が国の文化に関する記述として最も妥当なのはどれか。

1. 1870 年代後半には，生活様式の西欧化による文明開化が起こり，ラジオ放送が始まるなどメディアが発達したほか，『学問のすゝめ』を著した大隈重信らが近代思想や啓蒙思想を紹介した。

2. 明治時代には，内村鑑三らが神道の国教化を目指し，仏教やキリスト教を弾圧した一方で，美術方面では西洋美術が取り入れられ，横山大観や滝廉太郎などの西洋画家が生まれた。

3. 大正時代には，太宰治の『羅生門』や小林多喜二の『暗夜行路』などのプロレタリア文学や，歌舞伎の流れをくむ新劇が流行したが，これらの流行は経済力のある富裕層にとどまった。

4. 1940 年代後半には，戦時中の思想統制が解かれ，アメリカ的な生活様式や大衆文化が流入したほか，自然科学の分野では湯川秀樹が日本人として初めてノーベル賞を受賞した。

5. 1970 年代前半には，白黒テレビ・電気洗濯機・電気冷蔵庫の「三種の神器」が各家庭に普及し，オリンピックと万国博覧会が同年に東京で開かれるなど，文化面での飛躍がみられた。

【No. **29**】　世界の海域に関する記述として最も妥当なのはどれか。

1. エーゲ海は，南欧のスペインやイタリアに面した温暖な海域で，この海に浮かぶシチリア島にはクルーズ船が停泊するなど，観光資源にもなっている。

2. 東シナ海は，香港以南から東南アジアにかけて広がる海域で，その海底にはガス田や鉱産資源が埋蔵されていることから，香港と東南アジア諸国間で領有権争いに発展している。

3. オホーツク海は，カムチャツカ半島，千島列島，樺太(サハリン)などに囲まれた海域であり，春から夏に移り変わる時期には，冷たく湿ったオホーツク海気団が日本付近で勢力を増す。

4. バルト海は，北欧諸国の西に広がる海域で，この海に面しているスウェーデン，デンマーク，ノルウェーはバルト三国と呼ばれている。

5. カスピ海は，米国と中米の島国を囲むように広がる海域で，船舶の航行が多く見られるとともに，好漁場となっている。

【No. 30】　世界の言語・宗教等に関する記述として最も妥当なのはどれか。

1. 多民族から成る国家の中には，カナダやスイスなど，複数の言語を国語や公用語にしている国があり，カナダでは英語とフランス語が公用語となっている。

2. ユダヤ教，キリスト教，イスラームの三つの宗教は，広い地域で様々な民族によって信仰されている。現在，世界で最も信仰者数が多い宗教はイスラームであり，世界人口の約四割を占める。

3. イスラームでは，食事を含む生活様式がクルアーン（コーラン）により規定されており，牛を食べることが禁止されている。一方，ヒンドゥー教では，豚を聖なる生き物として大切にしている。

4. 宗教や民族が複雑に関連して，緊張が生じている地域がある。パレスチナはその一つで，クルド人がイスラエルの建国を一方的に宣言して以降，隣国との対立が続いている。

5. アフリカでは，植民地時代にヨーロッパの宗主国によって緯線や経線を基に機械的に引かれた人為的国境が多い。また，公用語についてみると，スペイン語を採用している国が最も多い。

【No. 31】　次の四字熟語とその意味の組合せとして最も妥当なのはどれか。

1. 花鳥風月………物事を完成させるにはそれ相応の年月が掛かること。

2. 豪華絢爛………こじれた物事を明快に解決すること。

3. 森羅万象………時期が過ぎて役に立たないこと。

4. 風林火山………危険が目の前に迫っていること。

5. 虚虚実実………計略や秘術を尽くしてわたりあうこと。

【No. 32】　次の下線部について漢字の使い方が最も妥当なのはどれか。

1. 学校から帰ってきた息子を包容した。

2. 満員電車内で窮屈な姿勢をとり続けねばならなかった。

3. 彼女は，若冠十七歳でコンクールを制した。

4. 彼は，社長としての積務を果たした。

5. インターネット上には，情報が氾乱している。

【No. 33】　次の英文のうち，文法的に最も妥当なのはどれか。

1. I might go abroad this summer.

2. He is good for play soccer.

3. I'll see off you when you leave to Japan.

4. I was stolen for my wallet yesterday.

5. I am sure for her success.

【No. 34】　次の英単語とその意味の組合せとして最も妥当なのはどれか。

1. attractive: a small individual fact or item

2. grateful: very good or satisfactory

3. significant: unusual or unexpected

4. curious: wanting to know or learn something

5. innocent: able to wait without becoming angry or anxious

【No. 35】　近代の政治思想に関する記述として最も妥当なのはどれか。

1. ホッブズは，政治的な社会成立以前の自然状態を争いのない理想的な状態とした一方，近代の社会を「万人の万人に対する戦い」と表現し，その原因である国家権力の絶対性を批判した。

2. ロックは，人々は自然権を守るために社会契約を結び，その契約に基づいて政府を組織するとし，政府が人々の権利を抑圧する場合には，人々はそれに抵抗する権利などがあるとした。

3. モンテスキューは，当時の絶対王政を批判し，「国王といえども神と法の下にある」と述べて法治主義を主張したほか，貴族・聖職者・平民の三勢力による三権分立を説いた。

4. ルソーは，君主の権利の絶対性は，あらゆる権利と同様に神から与えられるとする王権神授説を唱え，神の意志に従うことが人民の共通の意志たる「一般意志」であるとした。

5. マルクスは，時代ごとの生産関係を上部構造，それによって構築される政治制度や文化を下部構造と呼び，近代の生産関係を支える政治制度として直接民主制を理想とした。

【No. 36】　大日本帝国憲法及び日本国憲法に関する記述として最も妥当なのはどれか。

1. 大日本帝国憲法は，アメリカ合衆国憲法を模範として制定された欽定憲法であり，内閣は内政をつかさどる機関として，裁判所と同様に独立して機能していた。

2. 大日本帝国憲法では，憲法改正の権限は，天皇の独立の権力とされ，これを天皇大権という。一方で，天皇は，議会の承認がなければ，陸海軍を指揮，統率する統帥権を行使できなかった。

3. 日本国憲法は，通常の法律の改正と比べて，厳格な手続が定められている硬性憲法であり，制定以来行われた改正は，選挙権年齢の引下げに伴う改正のみである。

4. 日本国憲法は，国の最高法規であり，天皇及び国務大臣，国会議員には憲法尊重擁護義務が課

されている。一方で，裁判官や一般の公務員には，この義務は課されていない。

5. 日本国憲法では，天皇は日本国及び日本国民統合の「象徴」であるとされており，また基本的人権の尊重や平和主義などの基本原理が掲げられている。

【No. 37】　我が国の財政に関する記述として最も妥当なのはどれか。

1. 国の予算は，一般会計予算と特別会計予算の二つに分けられる。特別会計予算は，不測の事態によって予算に過不足が生じた場合に組むものである。

2. 財政に求められている機能の一つに，公共財の供給がある。これは，累進課税制度により集めた税金を生活保護などの社会給付に用いるものである。

3. 租税は，所得税や相続税などの直接税と，消費税や関税などの間接税に分類される。このうち，消費税は，低所得者ほど所得との比較で相対的に負担割合が高くなる逆進性が強くなる。

4. 不況になると，金利を上げるとともに財政支出を減らすというように，政府の財政政策と中央銀行の金融政策を組み合わせることを，ビルトイン・スタビライザーという。

5. 税収不足に陥ると，国は公債（国債）を発行して財源不足を補っている。リーマン・ショック以降，我が国の公債依存度は高まり続けており，2010 年以降は恒常的に 70 ％ を超えている。

【No. 38】　図は，完全競争市場における，ある商品の需要曲線及び供給曲線を示したものである。いま，この商品の市場での価格が 9 万円であるとき，この商品の市場における状態に関する記述として最も妥当なのはどれか。

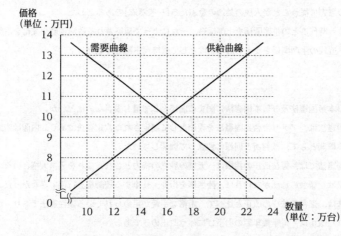

1. 約 2 万台不足している。

2. 約 2 万台売れ残っている。

3. 約 4 万台不足している。

4. 約 4 万台売れ残っている。

5. 約 8 万台売れ残っている。

【No. **39**】　我が国の環境問題に関する記述 A～D のうち，妥当なもののみを挙げているのはどれか。

A：四大公害訴訟とは，イタイイタイ病，水俣病，四日市ぜんそく，新潟水俣病の被害者らが
　　1960 年代に相次いで起こした訴訟であり，いずれも企業責任が認められた。

B：持続可能な社会を形成するため，循環型社会形成推進基本法が整備され，3R(リデュー
　　ス・リユース・リサイクル)の推進など，消費者の自助努力も求められている。

C：大規模開発により失われた自然環境を再生するために，環境破壊の実態を調査・評価するこ
　　とを目的として，環境アセスメント法が制定された。

D：生物多様性の維持のため，1970 年代に，重要な湿地の保全や賢明な利用を図るワシントン
　　条約や，絶滅のおそれのある動植物を保護するためのラムサール条約などが採択された。

1. A，B

2. A，C

3. B，C

4. B，D

5. C，D

【No. **40**】　近現代の思想家に関する記述 A～D のうち，妥当なもののみを挙げているのはどれか。

A：キルケゴールは，神に自己を委ねるのではなく，神の前に単独者として立ち，自らの主体的
　　真理を主張できる者を「超人」と呼び，神に依存する宗教からの脱却を説いた。

B：デューイは，創造的知性を失い，人々の間に自己を埋没させた非本来的な人間の在り方を
　　「ひと(ダス・マン)」と呼び，このような人間は道具に等しいとする道具主義を唱えた。

C：ロールズは，功利主義が不正な分配を退けることができないと批判し，平等の実現を正義の
　　問題と捉え，自由競争がもたらす不平等を是正する「公正としての正義」を説いた。

D：フーコーは，言説の歴史研究である「知の考古学」を唱え，また，近代社会における工場や軍
　　隊といった，人々を規格化し，社会に従わせる権力の存在を指摘した。

1. A，B

2. A，C

3. A，D

4. B，D

5. C，D

■ 学科試験 ■

（ 2 時間 ）

1. この問題集は数学・英語・物理の問題からなっています。あなたの受ける試験の区分に応じた学科の問題を解答してください。

試験の区分	解 答 す る 学 科 （問題番号）			解答時間
	数　学	英　語	物　理	
航 空 情 報 科	No. 1～No.13	No.14～No.26		2 時間
航 空 電 子 科	No. 1～No.13		No.27～No.39	2 時間

2. この問題集で単位の明示されていない量については，全て国際単位系(SI)を用いることとします。

数　　学

> No. **1**～No. **13** は受験者全員が解答してください。
>
> 解答は，問題番号に該当する答案用紙の番号欄に記入してください。

【No.　**1**】 $\sqrt{(\sqrt{2}+\sqrt{5}+3)(\sqrt{2}+\sqrt{5}-3)(3+\sqrt{2}-\sqrt{5})(3-\sqrt{2}+\sqrt{5})}$ の値はいくらか。

1. 3
2. $3\sqrt{2}$
3. 6
4. $6\sqrt{2}$
5. 12

【No.　**2**】 2 次関数 $y=f(x)$ のグラフは，$y=-x^2$ のグラフを平行移動した放物線であり，点 $(2, -4)$ を通り，y 軸とは正の部分で交わる。また，この放物線の頂点は直線 $y=-2x+3$ 上にある。このとき，$f(x)$ の最大値はいくらか。

1. -3
2. -1
3. 1
4. 3
5. 5

【No.　**3**】 図のような AB $=3\sqrt{2}$，BC $=4$，$\angle$B $=45°$ である △ABC の外接円の半径はいくらか。

1. 2
2. $\sqrt{5}$
3. $2\sqrt{2}$
4. 3
5. $2\sqrt{3}$

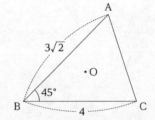

【No.　4】　三つの箱 A，B，C があり，各箱の中には，赤球と白球が表に示す個数だけ入っている。

	箱A	箱B	箱C
赤球	1 個	2 個	3 個
白球	3 個	2 個	2 個

　三つの箱から一つの箱を無作為に選び，選んだ箱の中から無作為に 2 個の球を同時に取り出すことを考える。取り出した 2 個の球が共に白球であったとき，選んだ箱が A である条件付き確率はいくらか。

1. $\dfrac{1}{2}$

2. $\dfrac{7}{13}$

3. $\dfrac{15}{23}$

4. $\dfrac{5}{7}$

5. $\dfrac{3}{4}$

【No.　5】　m を正の整数とするとき，$\dfrac{12m-24}{m-5}$ が 0 以上の整数となるような m はいくつあるか。

1. 　9 個

2. 　11 個

3. 　14 個

4. 　16 個

5. 　18 個

【No. 6】 図のように，線分 AC 上の点 B を，AB = 2，BC = 3 となるようにとり，点 B，C を通る円が，点 A を通る直線 l と点 D で接しているとする。このとき，線分 AD の長さはいくらか。

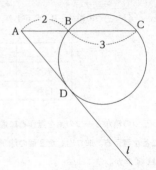

1. $\sqrt{6}$
2. $2\sqrt{2}$
3. 3
4. $\sqrt{10}$
5. $2\sqrt{3}$

【No. 7】 2 次方程式 $3x^2 + 2x - 4 = 0$ の二つの解を α，β とするとき，$\dfrac{\beta^2}{\alpha} + \dfrac{\alpha^2}{\beta}$ の値はいくらか。

1. $\dfrac{10}{9}$
2. $\dfrac{20}{9}$
3. $\dfrac{10}{3}$
4. $\dfrac{40}{9}$
5. $\dfrac{20}{3}$

【No. 8】 直線 $y = 2x + 3$ が円 $(x - 3)^2 + (y - 4)^2 = 8$ によって切り取られてできる線分の長さはいくらか。

1. $2\sqrt{3}$
2. $\sqrt{15}$
3. 4
4. $2\sqrt{5}$
5. $2\sqrt{6}$

【No. 9】　関数 $y = \log_{\frac{1}{2}}(4x - 2)$ のグラフは，関数 $y = \log_{\frac{1}{2}} x$ のグラフを x 軸方向に a, y 軸方向に b だけ平行移動したものと一致する。このとき，a, b の値の組合せとして正しいのはどれか。

	a	b
1.	$-\dfrac{1}{2}$	-2
2.	$-\dfrac{1}{2}$	$\dfrac{1}{2}$
3.	$-\dfrac{1}{2}$	2
4.	$\dfrac{1}{2}$	-2
5.	$\dfrac{1}{2}$	2

【No. 10】　3 次方程式 $x^3 - 3x^2 - 9x - a = 0$ が異なる二つの正の解と一つの負の解をもつような定数 a の値の範囲として正しいのはどれか。

1.　$-27 < a < 0$
2.　$-27 < a < 5$
3.　$0 < a < 5$
4.　$a > 0$
5.　$a < 27$

【No. 11】　$\displaystyle\int_{-4}^{4} |x^2 - 4| dx$ の値はいくらか。

1.　$\dfrac{32}{3}$

2.　16

3.　$\dfrac{64}{3}$

4.　24

5.　32

【No. **12**】 数列 $\{a_n\}$ の初項から第 n 項までの和 S_n が

$$S_n = n(n+4) \quad (n = 1, 2, 3, \cdots)$$

と表されるとき，$a_n a_{n+2} = 2021$ を満たす n の値はいくらか。

1. 20
2. 21
3. 22
4. 23
5. 24

【No. **13**】 平面上の二つのベクトル $\vec{a} = (2, 0)$, $\vec{b} = (2, 1)$ に対して，$|\vec{a} - t\vec{b}|$ を最小にする実数 t の値はいくらか。

1. $\dfrac{1}{5}$

2. $\dfrac{2}{5}$

3. $\dfrac{3}{5}$

4. $\dfrac{4}{5}$

5. 1

英　　語

航空情報科の受験者は No. **14**～No. **26** を解答してください。
解答は，問題番号に該当する答案用紙の番号欄に記入してください。
航空電子科の受験者は**解答する必要はありません。**

【No. **14**】 次の㋐～㋓のうち，第一アクセント(第一強勢)の位置が妥当なもののみを挙げているのはどれか。

㋐ apólogize
㋑ calculáte
㋒ nécessary
㋓ vanísh

1. ㋐, ㋑
2. ㋐, ㋒
3. ㋑, ㋒
4. ㋑, ㋓
5. ㋒, ㋓

【No. **15**】 次の㋐～㋓のうち，下線部の単語を各行右側の(　　　)内の単語に置き換えた場合においても，ほぼ同じ意味の文になるもののみを挙げているのはどれか。

㋐ I want to overcome my fear of speaking in public. (undergo)
㋑ No one predicted that he would win the game. (proposed)
㋒ They employed her to analyze big data. (hired)
㋓ The manufacturer will repair a broken camera free of charge. (fix)

1. ㋐, ㋑
2. ㋐, ㋒
3. ㋐, ㋓
4. ㋑, ㋓
5. ㋒, ㋓

【No. **16**】 次のA，B，Cの（　　　　）内の㋐，㋑のうち，より適切なものを選び出したものの組合せとして最も妥当なのはどれか。

A．I must go now. (㋐ Otherwise　㋑ Therefore), I'll miss the last train.

B．If I (㋐ hadn't　㋑ haven't) bought a new smartphone last month, I'd still be using my old cellphone.

C．(㋐ Might　㋑ Should) you notice any suspicious strangers, please contact the police.

	A	B	C
1.	㋐	㋐	㋑
2.	㋐	㋑	㋐
3.	㋐	㋑	㋑
4.	㋑	㋐	㋐
5.	㋑	㋑	㋑

【No. **17**】 次のA，B，Cの（　　　　）内の㋐，㋑のうち，より適切なものを選び出したものの組合せとして最も妥当なのはどれか。

A．She looked (㋐ much　㋑ very) healthier than the last time we saw her.

B．He bought the (㋐ cheaper　㋑ cheapest) of the two cakes.

C．This building is the (㋐ oldest second　㋑ second oldest) in this town.

	A	B	C
1.	㋐	㋐	㋑
2.	㋐	㋑	㋐
3.	㋐	㋑	㋑
4.	㋑	㋐	㋐
5.	㋑	㋑	㋑

【No. **18**】 次のA，B，Cの（　　　　）内の㋐，㋑のうち，より適切なものを選び出したものの組合せとして最も妥当なのはどれか。

A．I took a lot of pictures (㋐ during　㋑ while) my stay in Kyoto.

B．This school keeps records of all vehicle registration numbers, (㋐ even though　㋑ regardless of) whether the cars are school owned or not.

C．The hiring procedure changed (㋐ when　㋑ soon) the company merged with a competitor.

	A	B	C
1.	㋐	㋐	㋑
2.	㋐	㋑	㋐
3.	㋑	㋐	㋐
4.	㋑	㋐	㋑
5.	㋑	㋑	㋑

【No. 19】 次の文の内容に合致するものとして最も妥当なのはどれか。

　　Chinese tea was introduced to Japan more than 1,000 years ago by Buddhist monks, and after about 500 years *sadou* (the tea ceremony) became part of Japanese culture. Originally a pleasure limited to the enjoyment of the upper classes, *sadou* gradually made its way into the lives of commoners. Before long, *Sennorikyu* established the world of *wabicha* (a tea ceremony designed for commoners to enjoy) and the enjoyment of tea spread to become accessible to everyone.

　　Sadou became synonymous[*1] with hospitality and can be summarized by the word *ichigo-ichie* (treasuring once-in-a-lifetime experiences) — the act of relaxing while performing the tea ceremony with due care out of respect as a host for the opportune encounter with one's guest. This is the essence of tea and the soul of the Japanese people. Japanese green tea embodies the essence of "hospitality" passed down through the spirit of *sadou*.

　　The characteristically strong flavor of Japanese green tea is a harmonious blend of taste, so called "*umami*" (flavor of the highest quality), "astringency[*2]" and "bitterness" — *umami* is derived from the amino acid theanine, astringency from catechins, and bitterness from caffeine. Japanese green tea contains many active ingredients said to be beneficial to the health of modern people.

　　Japanese cuisine is currently attracting worldwide attention as a health food, and Japanese green tea is the perfect accompaniment as it can be enjoyed together with meals. Japanese green tea acts to accentuate subtle foods that rely on the taste of the ingredients as well as giving the palate[*3] a sensation of freshness after the meal. In Japan, Japanese green tea is consumed throughout the day — before, during, and after meals.

[*1] synonymous: having the same, or nearly the same, meaning

[*2] astringency > astringent: slightly bitter but fresh

[*3] palate: the sense of taste

出典追記：農林水産省「Japanese Green Tea」

1. Doctors from China introduced *sadou* to Japan more than 1,000 years ago.
2. After the world of *wabicha* became accessible to everyone, Japanese commoners were prohibited from enjoying *sadou*.
3. The essence of *sadou* is to appreciate encounters with guests and to be hospitable to them.
4. Japanese green tea contains caffeine, which is the source of *umami*.
5. Japanese people don't drink Japanese green tea during meals.

【No. 20】 次の文の内容に合致するものとして最も妥当なのはどれか。

The case of Hathay Bunano Proshikhan Society (HBPS) offers a good example of an alternative development model. For most Bangladeshi women living in rural districts the opportunity to give their families a bit of extra money in the struggle against rural poverty means moving to large cities, leaving their children and families for many months. The move from rural to city life strains traditional social relations and places women in a urban environment that is unfamiliar and threatening.

In 2004 the founders of HBPS asked themselves several questions: (1) how do you create sustainable employment free of debt, (2) without changes in the lifestyle of rural women, and (3) while generating returns comparable with the enterprises modelled on mainstream economic lines? The answer was to create flexible employment opportunities for women in rural Bangladesh through a social business model producing knitted and crocheted[1] children's toys.

Although working conditions are simple, work is undertaken in a social setting alongside friends and neighbours[2]. Women often bring their children to the workplace to be cared for during the day. Newly recruited workers are given training in core skills as well as basic mathematics and life skills. In this way women workers can contribute to the family economy without breaking family and village ties.

Today, HBPS employs over 5,000 artisans[3] at fifty-four sites in rural locations, producing items that are exported to developed countries in the USA, Europe, Asia and Australasia[4]. HBPS is a nonprofit organization, marketing its products through a profit organization. Bringing work to the village also means that earnings are spent within the village economy rather than in distant cities, bringing benefits to the wider village community.

[1] crochet: a way of making clothes, etc. from wool or cotton using a special thick needle with a hook at the end to make a pattern of connected threads

[2] neighbour > neighbor

出典追記 : The Globalization of World Politics: An Introduction to International Relations by John Baylis, Steve Smith, and Patricia Owens, Oxford University Press

*³ artisan: a person who does skilled work, making things with their hands

*⁴ Australasia: Australia and the islands that are near to it

1. 多くのバングラデシュの女性は，臨時のお金を得るために仕事のある大都市に行かなくてはならない。そのため，仕事を求めて家族で都市部へ移住することになり，地域の絆が損なわれている。

2. HBPS の創設者は，2004 年にバングラデシュの女性たちを対象とした大規模調査を実施した。その結果を受けて，子供のための手編みのおもちゃを作るソーシャルビジネスモデルを発案した。

3. HBPS での仕事は労働条件が良いため希望者が多く，職員の紹介がないと採用されない。新しく採用された労働者は研修を受けた上で，仕事場に連れて来られた子供の面倒を見る。

4. HBPS は営利組織を通じて商品を販売しており，現在では 54 拠点で 5,000 人以上の職人を雇って商品を生産している。生産された商品は，米国やヨーロッパ等の先進国に輸出される。

5. 村で仕事ができるということは，その所得が村経済の中で消費されることを意味し，村のコミュニティに利益をもたらす。一方で，遠い都市部とのつながりが希薄になり，村が孤立してしまう。

【No. 21】 次の文の内容に合致するものとして最も妥当なのはどれか。

Almost one in three students (32%) has been bullied by their peers at school at least once in the last month and a similar proportion are affected by physical violence, according to a new UNESCO publication. Physical bullying is the most frequent type of bullying in many regions, with the exception of North America and Europe, where psychological bullying is most common. Sexual bullying*¹ is the second most common in many regions. School violence and bullying affects both male and female students. Physical bullying is more common among boys, while psychological bullying is more prevalent among girls. Online and mobile phone bullying is also shown to be increasing.

《中　略》

Why this matters: Bullying has a significant negative effect on children's mental health, quality of life and academic achievement. Children who are frequently bullied are nearly three times more likely to feel like an outsider at school and more than twice as likely to miss school as those who are not frequently bullied. They have worse educational outcomes than their peers and are also more likely to leave formal education after finishing secondary school.

There are solutions: A number of measures have been shown to be effective in reducing or maintaining a low prevalence of school violence and bullying:

Bullying has decreased in almost half of the 71 countries and territories studied and a similar proportion of countries has also seen a decrease in physical fights or physical attacks. These countries have a number of successful factors in common, notably a commitment to promoting a safe and positive school climate and classroom environment, effective systems for reporting and monitoring school violence and bullying, evidence-based programmes*² and interventions, training and support for teachers, support and referral for affected students, student empowerment and participation.

　*¹ sexual bullying: it refers to hostile sexual jokes, comments, or gestures characterized as
　　　　　　　　　　 sexual harassment in some countries, notably from a legal perspective,
　　　　　　　　　　 but not in others, particularly in the school environment

　*² programme > program

1. 身体的ないじめは，世界中の全ての地域において最も多く起こるタイプのいじめである。
2. 性的ないじめは，男子生徒よりも女子生徒の方が被害者になりやすい。
3. いじめは，子供のメンタルヘルスや生活の質などに深刻な負の影響をもたらすものである。
4. よくいじめられる子供は，そうでない子供に比べて，中等学校卒業後に正規の学校教育から離脱する割合が約2倍になる。
5. 安全で積極性に富む学校風土や教室環境をつくり出すことで，いじめを確実に減らすことができるが，けんかを減らすことはできない。

【No. 22】　次の文の内容に合致するものとして最も妥当なのはどれか。

The start of the school year is just around the corner in Japan, with the term beginning in April. This means back-to-school shopping is in full swing and incoming first-graders are lining up at stores around the country to get their first backpacks.

Japanese elementary school children in Japan have used traditional school satchels, or *randoseru*, for over a century. The square design is instantly recognizable and triggers feelings of nostalgia for many people in the country.

In recent years, makers have introduced a wide range of colors, materials, and styles to the design, offering today's children a variety of choice unimaginable to their parents' generation. But at the same time, prices have soared and the bag has become unaffordable for some.

《中　略》

The Randoseru Association says the tradition of the Japanese school bag started at an educational institute in Tokyo, founded in 1877.

出典追記：【No. 21】　School violence and bullying a major global issue, new UNESCO publication finds, UNESCO on January 22, 2019

The institute was founded on an ideal of classroom equality and its charter stipulated* that no student should be able to rely on family advantage to get a leg up on their peers. In 1885, the school banned students from arriving in horse-drawn carriages or having family employees carry their bags for them.

To make it easier for students to lug their materials all the way to school, the institute introduced a military-style backpack. Unlike most bags at the time, this one was worn on the user's back, allowing free use of the hands. Eventually, it became known as the *randoseru*, from the Dutch word for backpack, "ransel."

Two years later, in 1887, then Prime Minister Hirobumi Ito presented a *randoseru* to Prince Yoshihito. The future Emperor Taisho was starting school at the institute. It is believed that this marked the moment when the *randoseru*, until then just an element of one school's uniform, became an item of widespread cultural significance.

A decade later, the institute created a standardized size and shape for the *randoseru*. This design has stayed largely the same ever since.

　* stipulate: to state clearly and firmly that something must be done, or how it must be
　　　　done

1．近年，ランドセルメーカーから様々な色や素材のランドセルが売り出されているが，その値段 は長い間変わっておらず，誰にとっても手に入れやすいものとなっている。

2．東京で 1877 年に設立されたある教育機関は，1885 年に教室内において家柄で同級生の優位 に立つことを規則で禁止したが，馬車での通学や使用人にかばんを持たせることは禁止しなかっ た。

3．生徒たちが物品を学校に持ち運びやすくするために導入されたかばんは，その当時の多くのか ばんと同様に背負って使用するものであり，後にランドセルと呼ばれるようになった。

4．当時の総理大臣である伊藤博文が 1887 年に将来の大正天皇にランドセルを贈っており，これ を契機にランドセルが広く文化的に重要なものとなったと考えられている。

5．ランドセルの標準的な大きさや形状は 1890 年に一度決定されたが，今日に至るまで度々変更 されている。

【No. 23】　次の文の内容に合致するものとして最も妥当なのはどれか。

Half of all work tasks will be handled by machines by 2025 in a shift likely to worsen inequality, a World Economic Forum (WEF) report has forecast. The think tank said a "robot revolution" would create 97 million jobs worldwide but destroy almost as many, leaving some communities at risk. Routine or manual jobs in administration and data processing were most at threat of automation, WEF said. But it said new jobs would emerge in care, big data and the green economy.

The Forum's research spanned 300 of the world's biggest companies, who between them employ eight million people around the world. More than 50% of employers surveyed said they expected to speed up the automation of some roles in their companies, while 43% felt they were likely to cut jobs due to technology.

《中　略》

WEF said currently around a third of all work tasks were handled by machines, with humans doing the rest, but by 2025 the balance would shift.

Roles that relied on human skills such as advising, decision-making, reasoning, communicating and interacting would rise in demand. There would also be a "surge" in demand for workers to fill green economy jobs, and new roles in areas like engineering and cloud computing.

But it said millions of routine or manual jobs would be displaced by technology, affecting the lowest paid, lowest skilled workers the most. It said millions would need to be re-skilled to cope with the change, while governments would have to provide "stronger safety nets" for displaced workers.

1. ビッグデータやグリーン経済といった新しい分野では，ロボット革命に伴う失業が特に顕著になると言われている。
2. WEF が行った調査によると，回答した被雇用者のうち，50％以上の者が自動化によって効率が上がったと評価したが，43％の者は今後解雇される可能性があることに不安を感じていた。
3. WEF によると，現在，労働力の約３分の１を機械が担っているが，2025年までにその割合は２分の１になるという。
4. 助言や意思決定といった人間特有の役割も，エンジニアリングやクラウド・コンピューティングといった分野では，機械化が可能になりつつある。
5. 政府は，ロボット革命によって失業した労働者に対し改めて技能を習得させるとともに，より強固で安全な情報通信網を整備する必要があるとしている。

【No. **24**】 次の語群の㋐～㋕の単語を並べ替えて(　　　)内を補い，和文に対応する英文を作るとき，㋐～㋕のうちで(　　　)内の１番目と３番目に来るものの組合せとして最も妥当なのはどれか。

和文：彼は他人の意見に影響されないことを誇りに思っている。

英文：He is (　　　　　　　　　　　　) others' opinions.

出典追記：Machines to 'do half of all work tasks by 2025', BBC News on October 21, 2020

語群：㋐ being　㋑ by　㋒ influenced　㋓ not　㋔ of　㋕ proud

	1番目	3番目
1.	㋐	㋔
2.	㋒	㋐
3.	㋓	㋔
4.	㋕	㋐
5.	㋕	㋓

【No. **25**】 次の㋐～㋕は，二人が交互に行った発言を並べ替えたものである。㋐～㋕の文を会話として意味が通るように並べたとき，２番目と５番目に来るものの組合せとして最も妥当なのはどれか。

㋐ So you don't have to work on it any more, do you?

㋑ Well then, why don't we go shopping?

㋒ How have you been? I didn't see you in class on Wednesday.

㋓ No, I'm ready to hand it in.

㋔ That sounds fun.

㋕ Yeah, I was stuck in the library working on a long paper. But I'm done.

	2番目	5番目
1.	㋓	㋐
2.	㋔	㋓
3.	㋔	㋕
4.	㋕	㋑
5.	㋕	㋒

【No. **26**】 次の会話の空欄Ａ，Ｂ，Ｃに当てはまる文を㋐～㋔から選び出したものの組合せとして最も妥当なのはどれか。

Jason: The chocolate cake smells good.

David: Yes, I hope my brother likes it.

Jason: Shall we decorate it?

David: Yes, (　A　)

Jason: That's a good idea. What shall we write?

David:　(　B　) **He played very well at the game yesterday.**

Jason:　**Can I write it?**

David:　**Of course.**

Jason:　**I can't wait to see his face.**

David:　**Me too.** (　C　)

[ア] **How about "Well done!"?**

[イ] **Why don't we write a message to him on the cake?**

[ウ] **Could you put strawberries on the cake?**

[エ] **I wonder what he will say.**

[オ] **He is depressed, so we should encourage him.**

	A	B	C
1.	[イ]	[ア]	[エ]
2.	[イ]	[ウ]	[ア]
3.	[ウ]	[ア]	[オ]
4.	[ウ]	[エ]	[オ]
5.	[オ]	[イ]	[エ]

出典追記：『NHK ラジオ 中高生の基礎英語 in English 9 月号』NHK 出版

物　　理

航空電子科の受験者は No. 27〜No. 39 を解答してください。

解答は，問題番号に該当する答案用紙の番号欄に記入してください。

航空情報科の受験者は**解答する必要はありません。**

【No. 27】　図のように，流れの速さが 2.0 m/s である川において，静水に対する速さが 4.0 m/s である船が，流れに沿って 60 m の距離を往復するとき，往復にかかる時間はおよそいくらか。

　ただし，船が向きを変えるのにかかる時間は無視できるものとする。

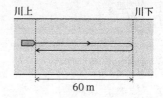

1. 10 s
2. 20 s
3. 30 s
4. 40 s
5. 50 s

【No. 28】　中心 O のまわりに滑らかに回転できる半径 0.20 m の円盤が静止している。図のように，この円盤の円周上の点 A に 40 N，点 B に大きさ F の力を同時に加えたところ，円盤は静止したままであった。このとき，F はおよそいくらか。

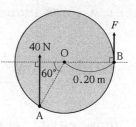

1. 20 N
2. 25 N
3. 30 N
4. 35 N
5. 40 N

【No. 29】 図のように，滑らかに回転する軽い定滑車に糸をかけ，糸の一端に質量 M の小球 A を，他端に質量 $m (< M)$ の小球 B をそれぞれ取り付けて，二つの小球を静かに放したところ，A は下降し，B は上昇した。このとき，A の加速度の大きさとして最も妥当なのはどれか。

ただし，重力加速度の大きさを g とする。

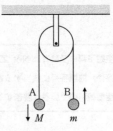

1. $\dfrac{M+m}{M}g$

2. $\dfrac{M-m}{M}g$

3. $\dfrac{M}{M-m}g$

4. $\dfrac{M+m}{M-m}g$

5. $\dfrac{M-m}{M+m}g$

【No. 30】 図のように，滑らかな水平面上で，ばね定数 k の軽いばねの一端を壁に固定し，他端に質量 M の小物体 A を取り付けて，ばねが自然長となるように A を置いた。いま，質量 m の小物体 B が速さ v_0 で，静止している A に衝突したところ，A と B は一体となってばねを押し縮めた。このとき，ばねの自然長からの縮みの最大値と，衝突によって失われた力学的エネルギーの組合せとして最も妥当なのはどれか。

ただし，A，B の運動及びばねの伸縮は常に同一直線上で行われるものとする。

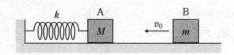

　　　　ばねの縮みの最大値　　　失われた力学的エネルギー

1. $\dfrac{mv_0}{\sqrt{k(M+m)}}$ 　　　　　$\dfrac{M^2 v_0^2}{2(M+m)}$

2. $\dfrac{mv_0}{\sqrt{k(M+m)}}$ 　　　　　$\dfrac{Mmv_0^2}{2(M+m)}$

3. $\dfrac{mv_0}{\sqrt{k(M+m)}}$ 　　　　　$\dfrac{m^2 v_0^2}{2(M+m)}$

4. $\dfrac{Mv_0}{\sqrt{k(M+m)}}$ 　　　　　$\dfrac{M^2 v_0^2}{2(M+m)}$

5. $\dfrac{Mv_0}{\sqrt{k(M+m)}}$　　　$\dfrac{m^2v_0{}^2}{2(M+m)}$

【No. 31】　図のように，水平面と $30°$ の角をなす粗
い斜面上で，質量 $4.0\,\text{kg}$ の小物体を静かに放したと
ころ，小物体は斜面に沿って滑り下り，$1.0\,\text{m}$ だけ
滑り下りたときの速さは $2.0\,\text{m/s}$ であった。この間
に，小物体に働く動摩擦力が小物体にした仕事はおよ
そいくらか。

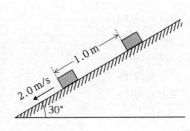

　　ただし，重力加速度の大きさを $10\,\text{m/s}^2$ とする。

1.　$-12\,\text{J}$
2.　$-6.0\,\text{J}$
3.　　$0\,\text{J}$
4.　　$6.0\,\text{J}$
5.　　$12\,\text{J}$

【No. 32】　図のように，半頂角 $\theta\,(0° < \theta < 90°)$ の円錐面が，
頂点を下にして中心軸が鉛直となるように固定されている。こ
の滑らかな内面に沿って，頂点から高さ h の水平面内を，小
球が等速円運動しているとき，その周期として最も妥当なのは
どれか。

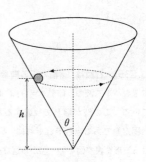

　　ただし，重力加速度の大きさを g とする。

1.　$\pi\sqrt{\dfrac{h}{g}}\sin\theta$

2.　$\pi\sqrt{\dfrac{h}{g}}\cos\theta$

3.　$\pi\sqrt{\dfrac{h}{g}}\tan\theta$

4.　$2\pi\sqrt{\dfrac{h}{g}}\sin\theta$

5.　$2\pi\sqrt{\dfrac{h}{g}}\tan\theta$

【No. 33】　圧力 1.5×10^5 Pa，体積 $0.60\,\text{m}^3$，温度 27℃ の理想気体がある。この気体の体積を $0.20\,\text{m}^3$，温度を 127℃ にしたときの圧力はおよそいくらか。

1.　3.0×10^5 Pa
2.　4.5×10^5 Pa
3.　6.0×10^5 Pa
4.　7.5×10^5 Pa
5.　9.0×10^5 Pa

【No. 34】　滑らかに動くピストンが付いた断熱容器に，理想気体が閉じ込められている。この気体に対し，温度を一定に保ったまま，40 J の熱を与えたところ，気体が膨張して体積が 2 倍になった。このとき，気体が外部にした仕事はおよそいくらか。

1.　-80 J
2.　-40 J
3.　　0 J
4.　　40 J
5.　　80 J

【No. 35】　右図は，x 軸の正の向きに速さ 1.0 cm/s で進むパルス波の，時刻 $t = 0$ s における波形を表している。この波が端 P で反射するとき，P が自由端と固定端である場合それぞれについて，$t = 6$ s における波形を表す図を㋐～㋑から選び出したものの組合せとして最も妥当なのはどれか。

　　ただし，図の 1 目盛りが 1 cm に対応するものとする。

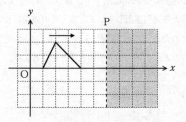

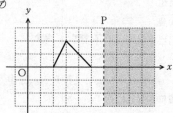

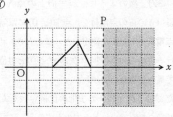

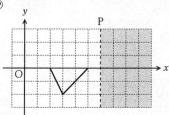

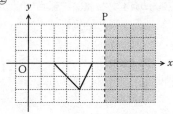

	自由端	固定端
1.	㋐	㋒
2.	㋐	㋓
3.	㋑	㋓
4.	㋒	㋐
5.	㋓	㋑

【No. 36】　図のような，A から音を入れ，二つの経路（APB と AQB）を通った音を干渉させて B で音を聞く装置（クインケ管）を考える。Q 側の管を，図の点線矢印の向きにゆっくり動かしたところ，10 cm 動かすごとに，B で聞こえる音が大きくなった。このとき，音の波長はおよそいくらか。

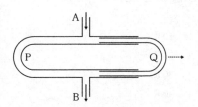

1. 　5 cm

2. 　10 cm

3. 　15 cm

4. 　20 cm

5. 　40 cm

【No. **37**】 図のように，xy 平面上の点 A$(-a, 0)$ に電気量 $+q$ の正の点電荷を，点 B$(a, 0)$ に電気量 $-q$ の負の点電荷をそれぞれ固定した。このとき，点 C$(0, a)$ における電場の向き（図中の矢印㋐，㋑）と電位の組合せとして最も妥当なのはどれか。

ただし，クーロンの法則の比例定数を k とし，電位の基準を無限遠点にとるものとする。

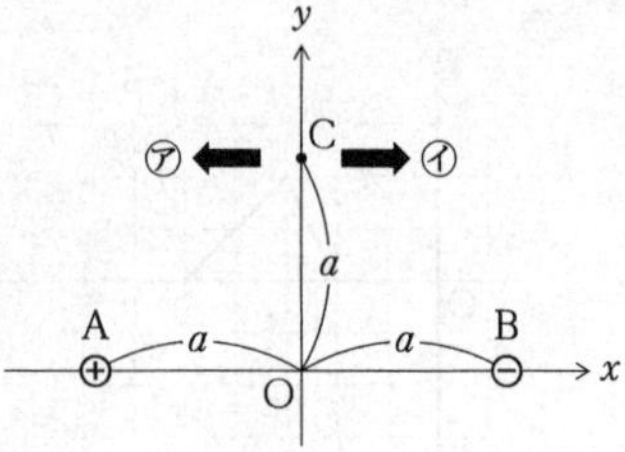

	電場の向き	電位
1.	㋐	$-k\dfrac{\sqrt{2}q}{a}$
2.	㋐	0
3.	㋐	$k\dfrac{\sqrt{2}q}{a}$
4.	㋑	$-k\dfrac{\sqrt{2}q}{a}$
5.	㋑	0

【No. **38**】 質量 100 g の水が断熱容器に入れられている。この中にニクロム線を入れ，ニクロム線に 14 V の電圧をかけて 1.0 A の電流を 10 分間流した。このとき，水の温度上昇はおよそいくらか。

ただし，水の比熱を 4.2 J/(g･K) とし，ニクロム線で生じたジュール熱は全て水の温度上昇に使われるものとする。

1. 10 K
2. 20 K
3. 30 K
4. 40 K
5. 50 K

【No. **39**】　図のように，距離 *l* を隔てて鉛直に張られた 2 本の平行導線があり，上端どうしが抵抗値 *R* の抵抗でつながれている。平行導線が張る面に垂直な向きに磁束密度の大きさ *B* の一様な磁場をかけ，平行導線に沿って質量 *m*，長さ *l* の導線 ab を水平に保ったまま落下させると，やがて ab の速さは *v* で一定となった。このとき，ab を流れる電流の大きさ *I* と *v* の組合せとして最も妥当なのはどれか。

　　ただし，重力加速度の大きさを *g* とし，ab の空気抵抗及び平行導線との間の摩擦は無視できるものとする。

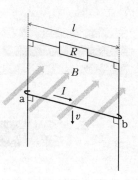

$$\quad\quad\quad I \quad\quad\quad\quad v$$

1. $\dfrac{vBl}{R}$　　$\dfrac{mgl^2}{RB^2}$

2. $\dfrac{vBl}{R}$　　$\dfrac{mgR}{B^2l^2}$

3. $\dfrac{vBl}{R}$　　$\dfrac{mgB^2}{Rl^2}$

4. $\dfrac{l}{vBR}$　　$\dfrac{mgl^2}{RB^2}$

5. $\dfrac{l}{vBR}$　　$\dfrac{mgB^2}{Rl^2}$

解答編

基礎能力試験

問題	正答	問題	正答
No. 1	3	No.21	2
No. 2	5	No.22	4
No. 3	1	No.23	5
No. 4	5	No.24	3
No. 5	4	No.25	1
No. 6	4	No.26	4
No. 7	4	No.27	4
No. 8	1	No.28	4
No. 9	3	No.29	3
No.10	2	No.30	1
No.11	2	No.31	5
No.12	3	No.32	2
No.13	2	No.33	1
No.14	1	No.34	4
No.15	5	No.35	2
No.16	4	No.36	5
No.17	2	No.37	3
No.18	5	No.38	3
No.19	1	No.39	1
No.20	3	No.40	5

学科試験

問題	正答	問題	正答
No. 1	3	No.21	3
No. 2	5	No.22	4
No. 3	2	No.23	3
No. 4	3	No.24	5
No. 5	2	No.25	4
No. 6	4	No.26	1
No. 7	2	No.27	4
No. 8	1	No.28	1
No. 9	4	No.29	5
No.10	1	No.30	2
No.11	5	No.31	1
No.12	1	No.32	5
No.13	4	No.33	3
No.14	2	No.34	4
No.15	5	No.35	3
No.16	1	No.36	4
No.17	1	No.37	5
No.18	2	No.38	2
No.19	3	No.39	2
No.20	4		

解答編

全国の書店で取り扱っています。店頭にない場合は, お取り寄せができます。

1 北海道大学(文系-前期日程)
2 北海道大学(理系-前期日程) 医
3 北海道大学(後期日程)
4 旭川医科大学(医学部〈医学科〉) 医
5 小樽商科大学
6 帯広畜産大学
7 北海道教育大学
8 室蘭工業大学／北見工業大学
9 釧路公立大学
10 公立千歳科学技術大学
11 公立はこだて未来大学 総推
12 札幌医科大学(医学部) 医
13 弘前大学 医
14 岩手大学
15 岩手県立大学・盛岡短期大学部・宮古短期大学部
16 東北大学(文系-前期日程)
17 東北大学(理系-前期日程) 医
18 東北大学(後期日程)
19 宮城教育大学
20 宮城大学
21 秋田大学 医
22 秋田県立大学
23 国際教養大学 総推
24 山形大学 医
25 福島大学
26 会津大学
27 福島県立医科大学(医・保健科学部) 医
28 茨城大学(文系)
29 茨城大学(理系)
30 筑波大学(推薦入試) 医 総推
31 筑波大学(文系-前期日程)
32 筑波大学(理系-前期日程) 医
33 筑波大学(後期日程)
34 宇都宮大学
35 群馬大学 医
36 群馬県立女子大学
37 高崎経済大学
38 前橋工科大学
39 埼玉大学(文系)
40 埼玉大学(理系)
41 千葉大学(文系-前期日程)
42 千葉大学(理系-前期日程) 医
43 千葉大学(後期日程) 医
44 東京大学(文科) DL
45 東京大学(理科) DL 医
46 お茶の水女子大学
47 電気通信大学
48 東京外国語大学 DL
49 東京海洋大学
50 東京科学大学(旧 東京工業大学)
51 東京科学大学(旧 東京医科歯科大学) 医
52 東京学芸大学
53 東京藝術大学
54 東京農工大学
55 一橋大学(前期日程)
56 一橋大学(後期日程)
57 東京都立大学(文系)
58 東京都立大学(理系)
59 横浜国立大学(文系)
60 横浜国立大学(理系)
61 横浜市立大学(国際教養・国際商・データサイエンス・医〈看護〉学部)

62 横浜市立大学(医学部〈医学科〉) 医
63 新潟大学(人文・教育〈文系〉・法・経済科・医〈看護〉・創生学部)
64 新潟大学(教育〈理系〉・理・医〈看護を除く〉・歯・工・農学部)
65 新潟県立大学
66 富山大学(文系)
67 富山大学(理系) 医
68 富山県立大学
69 金沢大学(文系)
70 金沢大学(理系) 医
71 福井大学(教育・医〈看護〉・工・国際地域学部)
72 福井大学(医学部〈医学科〉) 医
73 福井県立大学
74 山梨大学(教育・医〈看護〉・工・生命環境学部)
75 山梨大学(医学部〈医学科〉) 医
76 都留文科大学
77 信州大学(文系-前期日程)
78 信州大学(理系-前期日程) 医
79 信州大学(後期日程)
80 公立諏訪東京理科大学 総推
81 岐阜大学(前期日程) 医
82 岐阜大学(後期日程)
83 岐阜薬科大学
84 静岡大学(前期日程)
85 静岡大学(後期日程)
86 浜松医科大学(医学部〈医学科〉) 医
87 静岡県立大学
88 静岡文化芸術大学
89 名古屋大学(文系)
90 名古屋大学(理系) 医
91 愛知教育大学
92 名古屋工業大学
93 愛知県立大学
94 名古屋市立大学(経済・人文社会・芸術工・看護・総合生命理・データサイエンス学部)
95 名古屋市立大学(医学部〈医学科〉) 医
96 名古屋市立大学(薬学部)
97 三重大学(人文・教育・医〈看護〉学部)
98 三重大学(医〈医〉・工・生物資源学部) 医
99 滋賀大学
100 滋賀医科大学(医学部〈医学科〉) 医
101 滋賀県立大学
102 京都大学(文系)
103 京都大学(理系) 医
104 京都教育大学
105 京都工芸繊維大学
106 京都府立大学
107 京都府立医科大学(医学部〈医学科〉) 医
108 大阪大学(文系) DL
109 大阪大学(理系) 医
110 大阪教育大学
111 大阪公立大学(現代システム科学域〈文系〉・文・法・経済・商・看護・生活科〈居住環境・人間福祉〉学部-前期日程)
112 大阪公立大学(現代システム科学域〈理系〉・理・工・農・獣医・医・生活科〈食栄養〉学部-前期日程) 医
113 大阪公立大学(中期日程)
114 大阪公立大学(後期日程) 医
115 神戸大学(文系-前期日程)
116 神戸大学(理系-前期日程) 医

117 神戸大学(後期日程)
118 神戸市外国語大学 DL
119 兵庫県立大学(国際商経・社会情報科・看護学部)
120 兵庫県立大学(工・理・環境人間学部)
121 奈良教育大学／奈良県立大学
122 奈良女子大学
123 奈良県立医科大学(医学部〈医学科〉) 医
124 和歌山大学
125 和歌山県立医科大学(医・薬学部) 医
126 鳥取大学 医
127 公立鳥取環境大学
128 島根大学 医
129 岡山大学(文系)
130 岡山大学(理系) 医
131 岡山県立大学
132 広島大学(文系-前期日程)
133 広島大学(理系-前期日程) 医
134 広島大学(後期日程)
135 尾道市立大学 総推
136 県立広島大学
137 広島市立大学
138 福山市立大学 総推
139 山口大学(人文・教育〈文系〉・経済・医〈看護〉・国際総合科学部)
140 山口大学(教育〈理系〉・理・医〈看護を除く〉・工・農・共同獣医学部) 医
141 山陽小野田市立山口東京理科大学 総推
142 下関市立大学／山口県立大学
143 周南公立大学 公 総推
144 徳島大学 医
145 香川大学 医
146 愛媛大学 医
147 高知大学 医
148 高知工科大学
149 九州大学(文系-前期日程)
150 九州大学(理系-前期日程) 医
151 九州大学(後期日程)
152 九州工業大学
153 福岡教育大学
154 北九州市立大学
155 九州歯科大学
156 福岡県立大学／福岡女子大学
157 佐賀大学 医
158 長崎大学(多文化社会・教育〈文系〉・経済・医〈保健〉・環境科〈文系〉学部)
159 長崎大学(教育〈理系〉・医〈医・歯・薬・情報データ科・工・環境科〈理系〉・水産学部) 医
160 長崎県立大学 総推
161 熊本大学(文・教育・法・医〈看護〉学部・情報融合学環〈文系型〉)
162 熊本大学(理・医〈看護を除く〉・薬・工学部・情報融合学環〈理系型〉) 医
163 熊本県立大学
164 大分大学(教育・経済・医〈看護〉・理工・福祉健康科学部)
165 大分大学(医学部〈医・先進医療科学科〉) 医
166 宮崎大学(教育・医〈看護〉・工・農・地域資源創成学部)
167 宮崎大学(医学部〈医学科〉) 医
168 鹿児島大学(文系)
169 鹿児島大学(理系) 医
170 琉球大学 医

2025年版　大学赤本シリーズ

国公立大学 その他

私立大学①

医 医学部医学科を含む
総推 総合型選抜または学校推薦型選抜を含む
DL リスニング音声配信 新 2024年 新刊・復刊

掲載している入試の種類や試験科目，収載年数などはそれぞれ異なります。詳細については，それぞれの本の目次や赤本ウェブサイトでご確認ください。

赤本 | 検索

難関校過去問シリーズ

出題形式別・分野別に収録した
「入試問題事典」

20大学73点

定価2,310～2,640円（本体2,100～2,400円）

先輩合格者はこう使った！
「難関校過去問シリーズの使い方」

61年，全部載せ！
要約演習で，総合力を鍛える

東大の英語
要約問題 UNLIMITED

DL リスニング音声配信
新 2024年 新刊
改 2024年 改訂

いつも受験生のそばに ── 赤本

大学入試シリーズ＋α
入試対策も共通テスト対策も赤本で

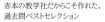

2025年版　大学赤本シリーズ　No. 176

航空保安大学校

2024 年 6 月 10 日　第 1 刷発行
ISBN978-4-325-26253-4
定価は裏表紙に表示しています

編　集　教学社編集部
発行者　上原　寿明
発行所　教学社
　　　　〒606-0031
　　　　京都市左京区岩倉南桑原町56
電話　075-721-6500
振替　01020-1-15695
印　刷　加藤文明社